LE PREMIER LIVRE DE BRIDGE

Fédération française de bridge

Le Premier Livre de Bridge

ÉDITIONS DU ROCHER

Cet ouvrage est déjà paru en 1989 aux éditions Belfond

SOMMAIRE

PRÉFACE

Les Éditions Belfond et la Fédération Française de Bridge collaborent à la réalisation d'une collection d'ouvrages à vocation pédagogique. Leur contenu repose sur le système d'enseignement français tel qu'il a été mis au point après concertation et confrontation des expériences de nombreux professeurs de l'Université du Bridge.

Cette collection est destinée, tout d'abord, aux élèves des enseignants agréés par la Fédération Française de Bridge. Au-delà même elle doit permettre à des milliers de bridgeurs d'acquérir, grâce à une méthode qui a largement fait ses preuves, les connaissances leur permettant d'obtenir sans tarder de grandes satisfactions dans la pratique du bridge. Nous pensons, sincèrement, que très rapidement tous les lecteurs de ces ouvrages pourront faire leur apprentissage dans ce véritable sport de l'esprit, et pourquoi pas se comparer aux 75 000 adhérents de la Fédération Française de Bridge.

Ce livre en est le premier tome et concerne donc l'initiation. La réussite de cette « entrée en bridge » est primordiale. Elle doit être distrayante pour ne pas décourager le néophyte, mais elle se doit d'inculquer d'emblée les bases de notre jeu, sans l'acquisition desquelles toute progression logique est vouée à l'échec.

Les concepteurs de cette méthode d'initiation ont parfaitement réussi cette gageure.

Ce livre est un véritable travail d'équipe, mais nous devons remercier et féliciter Daniel Temam, qui en a réalisé la mise en forme et l'actualisation.

Nous sommes certains que, grâce à cet ouvrage et à ceux qui le suivront, de nouveaux bridgeurs viendront nous rejoindre. Notre jeu constitue pour la jeunesse une importante activité d'éveil et pour les adultes un loisir et une détente. Il apporte enfin aux retraités et aux personnes âgées la convivialité et l'indispensable entretien de leurs facultés intellectuelles.

Si nous pouvons aider les uns et les autres à réaliser leurs vœux, nous aurons atteint les objectifs que nous nous sommes fixés.

Georges Chevalier
Président de la F.F.B.

Bernard Descours
Vice-Président de la F.F.B.

INTRODUCTION

Plusieurs millions de Français jouent régulièrement au bridge.

Ce n'est pas étonnant.

Le bridge est un jeu passionnant.

Il se pratique à tous les âges.

Le seul matériel qu'il nécessite est un jeu de cartes qui ne vaut que quelques francs.

En définitive, les Français bridgeurs devraient être beaucoup plus nombreux !

Certains vous diront que le bridge est un jeu difficile à apprendre. En fait, le bridge « était » un jeu difficile à apprendre. Car la Fédération Française de Bridge a développé une méthode d'enseignement radicalement nouvelle qui, depuis quelques années, a fait ses preuves. C'est cette méthode qu'expose le livre que vous avez entre les mains.

Le bridge comporte deux parties bien distinctes, les enchères et le jeu de la carte. Habituellement, l'enseignement commence par une étude longue et un peu fastidieuse des enchères. Le nouvel enseignement commence, lui, directement par le jeu de la carte. Les règles du mini-bridge permettent en effet de définir le contrat final d'une manière automatique au stade de l'initiation.

Le premier chapitre vous explique une partie des règles du jeu de la carte, celles qui concernent le jeu à sans-atout. Dès que vous aurez fini de le lire, ce qui ne vous prendra guère plus d'un quart d'heure, vous pourrez commencer à jouer, sans l'aide de personne. Si vous êtes sceptique, essayez !

Les chapitres 2 à 4 vous donnent les premiers conseils de jeu de la carte. Lisez-les, commencez à appliquer les principes qu'ils contiennent. Mais n'attendez pas trop longtemps pour passer au chapitre 5, qui complète les règles du jeu de la carte, en vous expliquant les règles du jeu à l'atout.

Le chapitre 6 vous donne ensuite les principes de base du jeu à l'atout. Puis les chapitres 7 et 8 vous amènent jusqu'aux règles complètes du bridge. A la fin du chapitre 8, vous les connaîtrez toutes.

Vous pourrez alors passer au livre suivant de la Collection. Il vous initiera au système que pratiquent la quasi-totalité des joueurs de notre pays. La Fédération Française de Bridge l'a codifié, et l'a dénommé Système d'Enchères Français (SEF).

L'enseignement que nous vous proposons est un enseignement concret. Il ne suffit pas de lire le livre. Il faut pratiquer en même temps, cartes en main.

Vous pouvez pour cela trouver des amis désireux d'apprendre à jouer au bridge en même temps que vous, ou d'anciens joueurs qui veulent s'y remettre. Vous devez normalement être quatre. Mais vous pouvez aussi apprendre à trois. Vous verrez comment dans le livre.

Une autre solution est de vous rendre dans un club de bridge. Il en existe maintenant un peu partout en France. L'enseignement pour les débutants suit la méthode exposée dans ce livre.

Pendant toute la période d'apprentissage, efforcez-vous de jouer régulièrement, au moins une fois par semaine. Sinon, vous risquez d'oublier d'une fois à l'autre ce que vous aurez appris. Vous aurez alors beaucoup de mal à assimiler les mécanismes de base du jeu. Une fois ces mécanismes acquis, vous pourrez rester plus longtemps sans jouer sans perdre votre compétence.

Relisez aussi de temps en temps un chapitre ou l'autre. Vous vous en pénétrerez chaque fois un peu plus.

Il ne nous reste plus qu'à vous souhaiter bon courage. Tout en sachant que vous n'aurez bientôt qu'un seul regret, celui de ne pas avoir appris à jouer au bridge plus tôt.

CHAPITRE 1

LE MINI-BRIDGE A SANS-ATOUT

Si vous connaissez déjà les règles du bridge, lisez rapidement le début du chapitre. Vous ne découvrirez des choses nouvelles qu'à partir de la page 21.

Votre apprentissage du bridge va se comparer à la montée d'un escalier, dont nous allons gravir ensemble les marches. Nous sommes maintenant en bas de cet escalier, et nous allons attaquer la première marche. Cette première marche, et la deuxième, concernent le jeu dit à sans-atout. Ensuite nous introduirons le jeu à l'atout.

Première marche : le déroulement d'une donne

Pour jouer au bridge, il suffit d'être quatre et de disposer d'un jeu de 52 cartes. Sans être indispensables, une table, de préférence carrée, et quatre chaises sont bien pratiques.

Les 52 cartes sont réparties en quatre couleurs, Trèfle, Carreau, Cœur et Pique. Chaque couleur comporte donc treize cartes : neuf cartes numérotées de 2 à 10, ainsi que le Valet, la Dame, le Roi et l'As (qui est aussi le 1).

Les quatre joueurs s'associent deux par deux, selon leurs affinités, ou par une méthode quelconque de tirage au sort. Les partenaires se mettent l'un en face de l'autre. Chaque joueur a donc son partenaire en face de lui, un adversaire à sa gauche, l'autre adversaire à sa droite.

Une partie de bridge est composée d'une suite de donnes, en nombre quelconque. Ce nombre est fixé à l'avance, ou bien les joueurs décident de s'arrêter quand ils en auront assez. Attention toutefois ; dans ce cas les parties se terminent souvent fort tard. La passion du bridge vient vite !

Pour la première donne, un joueur est désigné comme **donneur.** Il prend les cartes. Il les fait battre par son adversaire de gauche, puis couper par son adversaire de droite (nous verrons un peu plus loin la raison de cet usage). Il distribue ensuite les cartes une par une, dans le sens des aiguilles d'une montre, jusqu'à épuisement du paquet : une carte à son adversaire de gauche, une carte à son partenaire, une carte à son adversaire de droite, une carte pour lui, une deuxième carte à son adversaire de gauche, et ainsi de suite.

Chaque joueur reçoit donc treize cartes. Il les regarde, les classe. Il doit éviter de les montrer à ses adversaires, qui en tireraient profit, et il n'a pas le droit de les montrer à son partenaire.

Une donne se déroule comme une succession de **levées.** A chaque levée, chacun des quatre joueurs joue une carte, c'est-à-dire qu'il la pose sur la table, face visible. Un des joueurs joue en premier (nous verrons un peu plus bas comment il est déterminé). Il choisit une carte dans son jeu. Son choix est entièrement libre.

Les autres joueurs doivent, s'ils le peuvent, jouer une carte de la même couleur. Ils jouent l'un après l'autre, toujours dans le sens des aiguilles d'une montre.

Si un joueur possède plusieurs cartes de la couleur demandée, il en joue une. On dit qu'il **fournit.** Il peut choisir comme il l'entend la hauteur de sa carte. Elle peut être plus forte ou moins forte que celle(s) précédemment fournie(s).

Si un joueur n'a aucune carte de la couleur demandée, il joue alors une carte quelconque de son jeu. On dit alors qu'il **défausse.**

La levée est attribuée à celui des quatre joueurs qui a joué la carte la plus forte, dans la couleur demandée par le premier joueur. Au bridge, l'As est la carte la plus forte, suivie du Roi, de la Dame, du Valet, du 10, du 9 et ainsi de suite jusqu'au 2, carte la plus faible. Un joueur qui défausse ne peut remporter la levée.

Le joueur qui a remporté une levée joue en premier pour la levée suivante. Le processus recommence alors pour cette levée, puis pour les levées ultérieures, jusqu'à ce que les joueurs n'aient plus de cartes.

A la fin de la donne, les joueurs comptent le nombre de levées remportées par chaque camp. Le total fait toujours 13 : chaque joueur ayant 13 cartes, une donne comporte 13 levées. Le résultat de la donne est alors 7 levées pour un camp et 6 pour l'autre, ou 8/5, ou 9/4, et ainsi de suite.

Les joueurs comptent le nombre des levées, en se désintéressant complètement de leur contenu. Une levée formée d'un 5, d'un 4, d'un 3 et d'un 2 a exactement la même valeur qu'une levée formée d'un As, d'un Roi, d'une Dame et d'un Valet. De ce point de vue, le bridge est différent de jeux comme la belote ou le tarot. Cette différence modifie profondément, nous le verrons, la stratégie à adopter pour bien jouer.

Le décompte final est facilité par la façon de ramasser les cartes à la fin de chaque levée. Un des joueurs du camp qui a remporté la levée rassemble les quatre cartes, et en fait un petit tas qu'il pose devant lui. Les tas constitués par les différentes levées sont décalés les uns par rapport aux autres, pour faciliter le compte final. Au cours d'une donne, un joueur dans chaque camp ramasse toutes les levées de son camp. Inutile de se partager les levées entre partenaires !

Pour ceux qui n'ont vraiment jamais joué au bridge : Jouez une ou deux donnes avec ces règles pour les assimiler ; ensuite passez à la seconde marche.

Pour la première levée, c'est le donneur qui jouera en premier. Cette règle est provisoire. Elle sera modifiée à la prochaine marche.

Deuxième marche : le contrat

Le camp qui possède le plus de grosses cartes, As, Roi, Dame... est avantagé. Il pourra plus facilement réaliser des levées. Pour équilibrer le combat, on va lui imposer de remporter plus de levées que le camp adverse. Voyons comment.

Tout d'abord, on attribue aux hautes cartes une valeur d'autant plus élevée qu'elles ont plus de chances de rapporter des levées. L'As se voit bien sûr attribuer la valeur la plus forte, 4 **points d'honneurs.** Puis vient le Roi avec 3 points d'honneurs, la Dame avec 2 points et le Valet avec 1 point. Il y a donc 10 points d'honneurs dans chaque couleur (4+3+2+1), et 40 au total dans le jeu (4x10).

Retenez ces chiffres :

As :	**4 points d'honneurs**
Roi :	**3 points d'honneurs**
Dame :	**2 points d'honneurs**
Valet :	**1 point d'honneurs**

Nombre total de points d'honneurs dans le jeu : 40

Comme vous pouvez le constater, ce n'est pas bien difficile !

Le camp majoritaire, celui qui a le plus de points d'honneurs, va devoir réaliser davantage de levées que le camp adverse. Plus il aura de points d'honneurs, plus il devra remporter de levées. La correspondance qui a été retenue est la suivante :

Nombre de points d'honneurs du camp majoritaire	Nombre de levées qu'il devra réaliser
20 — 21 — 22	7
23 — 24	8
25 — 26	9
27 — 28 — 29	10
30 — 31 — 32	11
33 — 34 — 35 — 36	12
37 — 38 — 39 — 40	13

Cette correspondance a été établie de telle sorte que le combat entre les deux camps soit équilibré. Supposons par exemple que le camp majoritaire détienne 26 points d'honneurs. D'après ce tableau, il doit réaliser 9 levées. L'expérience a montré qu'il y parvient en moyenne une fois sur deux, et qu'il échoue donc aussi en moyenne une fois sur deux. A condition bien entendu que les quatre joueurs soient de force sensiblement égale !

Pour déterminer quel est le camp majoritaire, et combien de levées il devra réaliser, les joueurs vont s'échanger les renseignements nécessaires, selon un processus très simple.

Chaque joueur compte ses points d'honneurs. Le donneur parle le premier. S'il a au moins 13 points d'honneurs, il dit : « J'ouvre ». S'il a moins de 13 points, il dit : « Je passe »

Dans le cas où il passe, la parole est au joueur suivant, toujours dans le sens des aiguilles d'une montre, c'est-à-dire à son adversaire de gauche. Celui-ci se comporte comme le donneur. Il ouvre s'il a au moins 13 points d'honneurs, sinon il passe. Le processus se poursuit ainsi tant que personne n'ouvre.

Si les quatre joueurs passent successivement, on redonne. Ce cas, où les quatre joueurs ont moins de 13 points d'honneurs, est assez rare.

Quand un joueur ouvre, la parole va directement à son partenaire. Celui-ci indique à haute voix son nombre de points d'honneurs : « J'ai ... points d'honneurs »

Les points de suspension figurent un nombre compris entre 0 et 27 (l'ouvreur ayant 13 points, son partenaire en détient au maximum 40 − 13 = 27).

L'ouvreur additionne ce nombre de points au sien, pour déterminer la force totale de son camp. Lui-même ayant au moins 13 points, cette force atteint ou dépasse le plus souvent 20 points. L'ouvreur peut alors déterminer le nombre de levées que son camp devra réaliser à l'aide du tableau précédent.

Dans le langage du bridge, on dit qu'il **annonce un contrat**. Le contrat minimal est celui pour lequel le camp demandeur doit remporter une levée de plus que le camp adverse, soit sept contre six. Pour ce niveau minimal, on dit que le contrat est au palier de 1. Le contrat immédiatement supérieur de 8 levées est au palier de 2 ; et ainsi de suite. D'une manière générale, le palier du contrat est égal au nombre de levées exigées diminué de six.

L'ouvreur annonce le contrat en faisant suivre le palier du mot « Sans-Atout ». Nous verrons pourquoi quand nous atteindrons la troisième marche. L'ouvreur dit donc : « ... Sans-Atout ».

Les points de suspension figurent cette fois un nombre compris entre 1 et 7.

Si l'ouvreur constate que son camp détient moins de 20 points d'honneurs, il ne peut demander aucun contrat. Il dit : « Je passe ».

La parole revient alors à son adversaire de droite, qui indique à son tour à haute voix son nombre de points d'honneurs. Son partenaire, après avoir calculé la force de son camp, annonce alors un contrat, dans les mêmes conditions que l'ouvreur. Il peut toujours le faire : le camp de l'ouvreur ayant moins de 20 points d'honneurs, l'autre camp en a au moins 20.

La correspondance entre la force du camp majoritaire et le contrat demandé s'exprime par le tableau suivant, qui complète le précédent :

Nombre de points d'honneurs du camp majoritaire	**Contrat demandé**
20 — 21 — 22	**1 SA**
23 — 24	**2 SA**
25 — 26	**3 SA**
27 — 28 — 29	**4 SA**
30 — 31 — 32	**5 SA**
33 — 34 — 35 — 36	**6 SA**
37 — 38 — 39 — 40	**7 SA**

SA est l'abréviation usuelle de Sans-Atout.

Ce tableau, qui fixe le contrat à demander en fonction de la force du camp, a été baptisé **table de décision**. C'est la table de la loi du mini-bridge.

Inutile de retenir tous les chiffres de la table de décision. Recopiez-la sur une petite feuille, ou un petit carton, que vous mettrez avec vos jeux de cartes. Les joueurs pourront le consulter pour déterminer le palier des contrats.

Le joueur qui a déclaré le contrat est appelé pour cette raison ... le **déclarant**. Ses adversaires reçoivent le titre de **défenseurs** et leur camp est dénommé la **défense**.

Une fois le contrat demandé, le jeu de la carte peut commencer. C'est le joueur situé à gauche du déclarant qui joue en premier, pour la première levée. On dit qu'il **entame**.

Le mort

Les règles que nous vous avons apprises lors de la première marche restent valables. Avec un complément toutefois. Après l'entame, le partenaire de l'ouvreur, au lieu de jouer, pose ses cartes sur la table, face visible, rangées par couleurs. Les trois autres joueurs peuvent ainsi voir son jeu.

En outre, il ne participe plus au jeu. Il laisse son partenaire, le déclarant, jouer à sa place jusqu'à la fin de la donne. C'est pour cela qu'il est appelé le **mort**. Mais cette mort-là ne dure heureusement que le temps d'une donne.

Regardons maintenant sur deux donnes tout ce que nous avons vu. Nous allons vous les présenter sous forme de diagramme. Cette présentation est souvent un peu déroutante au début, mais on s'y habitue assez vite.

Donne 1

	♠ A 3 ♡ A 8 5 ♢ 10 7 5 ♣ D 10 7 4 2	
♠ V 8 7 6 2 ♡ R 7 4 2 ♢ R 9 8 ♣ 8	N O E S	♠ R 10 9 4 ♡ 10 9 ♢ D V 6 2 ♣ V 5 3
	♠ D 5 ♡ D V 6 3 ♢ A 4 3 ♣ A R 9 6	

Comme vous pouvez le constater, les quatre joueurs sont repérés par les quatre points cardinaux. C'est une convention bien pratique. Les points cardinaux occupent la même place que sur les cartes ... de géographie : le Nord en haut, l'Est à droite, etc.

Les quatre lettres A représentent les quatre As ; dans cette donne Nord détient l'As de Pique et l'As de Cœur, Sud l'As de Carreau et l'As de Trèfle. De même les R représentent les Rois, les D les Dames et les V les Valets.

Supposons que le donneur soit Nord. Il parle en premier.

Nord : « Je passe » (il n'a que 10 points sur les 13 requis)

Est : « Je passe » (il n'en a que 7)

Sud : « J'ouvre » (lui en a 16)

Nord : « J'ai 10 points d'honneurs »

Sud : « 3 SA » (il a calculé le total des points de son camp, 26, et a consulté la table de décision)

Le contrat final est donc 3 SA. Sud est le déclarant. Ouest, placé à sa gauche, entame. Quand il l'aura fait, Nord, le mort, étalera son jeu.

Donne 2

	♠ R 6 2 ♡ A R 10 5 ♢ 7 6 5 ♣ D 10 8	
♠ D V 7 ♡ V 7 4 ♢ R D V 2 ♣ R 7 5	N O E S	♠ 9 8 5 3 ♡ D 8 3 ♢ A 8 ♣ 9 6 3 2
	♠ A 10 4 ♡ 9 6 2 ♢ 10 9 4 3 ♣ A V 4	

Après Nord, c'est Est qui est donneur.

Est: « Je passe » (il n'a que 6 points d'honneurs)

Sud: « Je passe » (il en a un peu plus, 9, mais ce n'est pas assez)

Ouest: « J'ouvre » (il a juste 13 points)

Est: « J'ai 6 points d'honneurs »

Ouest: « Je passe » (son camp n'a au total que 19 points)

Sud: « J'ai 9 points d'honneurs » (après un passe de l'ouvreur, le joueur placé à sa droite indique immédiatement son nombre de points)

Nord: « 1 SA »

Cette fois, Nord est déclarant au contrat de 1 SA. Est entame.

La marque

A la fin de la donne, le déclarant compte le nombre des levées qu'il a remportées.

Premier cas: Il a remporté au moins le nombre de levées prévu par son contrat. On dit qu'il a fait son contrat, ou qu'il l'a gagné.

Il a droit alors à des **points de manche,** en fonction de la hauteur du contrat. Le contrat de 1 SA rapporte 40 points de manche, ensuite chaque palier rapporte 30 points supplémentaires. Ainsi :

1 SA rapporte 40 points de manche
2 SA rapporte 40 + 30 = 70 points
3 SA rapporte 40 + 2 x 30 = 100 points
4 SA rapporte 40 + 3 x 30 = 130 points
et ainsi de suite.

Les contrats qui rapportent au moins 100 points de manche sont des contrats de **manche.** Ils donnent droit à une prime de manche de 300 points. Les contrats qui rapportent moins de 100 points de manche sont des **contrats partiels.** Ils ne donnent droit qu'à une prime beaucoup plus faible : 50 points.

Vous vous êtes certainement rendu compte que les contrats de 1 SA et de 2 SA étaient des contrats partiels. Les contrats plus élevés, à partir de 3 SA, sont des contrats de manche.

Si le déclarant a remporté exactement le nombre de levées que son contrat exigeait, on dit que le contrat est **juste fait.** Son camp marque les points de manche plus la prime de contrat partiel ou de manche, selon la hauteur du contrat.

Si le déclarant a fait mieux encore, et qu'il a remporté plus de levées que son contrat ne l'exigeait, on dit qu'il a gagné son contrat avec une, deux... **levées de mieux** ; son camp marque les points attribués au contrat juste fait, plus 30 points par levée de mieux.

Second cas : Le déclarant n'a pas remporté assez de levées, on dit qu'il a **chuté.** La marque est beaucoup plus simple. Le camp adverse marque 50 points par **levée de chute,** c'est-à-dire par levée manquante.

Pour assimiler cette marque, voici quelques *exercices.* Nous vous donnons à chaque fois le contrat demandé, et le nombre des levées réalisées par le déclarant. A vous de calculer le résultat de la donne.

1. Contrat: 3 SA; le déclarant remporte 11 levées.
2. Contrat: 2 SA; le déclarant remporte 6 levées.
3. Contrat: 6 SA; le déclarant remporte 12 levées.
4. Contrat: 3 SA; le déclarant remporte 8 levées.
5. Contrat: 1 SA; le déclarant remporte 8 levées.

Solutions

1. Le déclarant devait remporter 9 levées. Il a fait son contrat, avec deux levées de mieux. Son camp marque d'abord les points de manche 40 + 2 x 30 = 100 points. Il a droit à la prime de manche de 300 points. Les levées de mieux rapportent 2 x 30 = 60 points supplémentaires. Le camp du déclarant marque au total 100 + 300 + 60 = 460 points.

2. Le déclarant devait remporter 8 levées. Il a chuté de deux levées. Le camp adverse marque 2 x 50 = 100 points.

3. Le déclarant devait remporter 12 levées. Juste fait. Son camp marque 40 + 5 x 30 = 190 points de manche, plus la prime de manche de 300 points, soit au total 490 points.

4. Le déclarant aurait dû remporter 9 levées. Une de chute. 50 points pour les adversaires.

5. Le déclarant n'avait cette fois que 7 levées à remporter. Il a gagné son contrat, avec une levée de mieux. Son camp marque 40 points de manche. Il n'a droit qu'à la prime de contrat partiel de 50 points. La levée de mieux lui rapporte 30 points. ce qui fait un total de 120 points.

Nous sommes presque arrivés à la fin de ce premier chapitre. Comme promis, vous pouvez vous mettre tout de suite à jouer. Commencez à le faire, pour vous amuser, sans trop chercher à bien faire. Puis vous passerez au chapitre suivant, où nous vous donnerons des premiers conseils.

Les bridgeurs ont l'habitude de jouer avec deux jeux de cartes. Pendant qu'un joueur distribue, son partenaire bat l'autre jeu. Quand la distribution est finie, il pose le jeu battu à sa droite.

A la donne suivante, ce sera au joueur situé à droite de

celui qui a battu de distribuer. Il trouvera le jeu prêt à sa gauche.

L'utilisation d'un deuxième jeu a un double avantage. Il fait gagner le temps du battage des cartes entre les donnes. Mais surtout il permet de savoir aisément qui doit donner : c'est toujours le joueur qui a le jeu prêt à sa gauche. Prenez donc vous aussi l'habitude de jouer avec deux jeux de cartes.

Le mini-bridge à trois

Le bridge se joue à quatre. Le mini-bridge aussi, normalement. Mais si vous n'êtes que trois, et que vous avez du mal à « trouver un quatrième », ne vous inquiétez pas. Le mini-bridge se joue aussi très bien à trois, dans sa version deuxième marche comme dans ses versions ultérieures.

Les trois joueurs s'installent donc autour d'une table carrée, en laissant une place libre. C'est le joueur qui a cette place libre à sa droite qui donne le premier. Quand il a terminé, les trois joueurs ramassent les jeux qu'ils ont en face d'eux. Le quatrième jeu est pour l'instant délaissé.

Il n'y a plus d'ouverture. Le joueur situé en face du donneur indique tout de suite à haute voix son nombre de points d'honneurs. Le donneur les additionne aux siens. Deux cas se présentent alors, selon que ce total atteint ou non 20 points.

1. Le total est au moins de 20 points. Le donneur annonce le contrat correspondant, dont il devient déclarant. Le joueur qui était en face de lui pose son jeu, se déplace vers la place vide et s'empare du quatrième jeu.

2. Le total est inférieur à 20 points. Le donneur ne peut annoncer de contrat. Il calcule alors le nombre de points de l'autre camp, en retranchant le total qu'il avait obtenu de 40. Il en déduit la hauteur du contrat correspondante, et il annonce à son adversaire de gauche :

« Tu joues .... SA. »

Dans les deux cas, le jeu de la carte se déroule ensuite selon les règles habituelles. Le joueur situé à gauche du déclarant entame, le déclarant étale le jeu du mort, et la donne se poursuit.

Conformément à la règle générale, le joueur qui entame n'a pas vu le mort au moment où il le fait.

A la fin de chaque donne, le joueur qui avait le mort à sa gauche, c'est-à-dire la place vide, se déplace vers cette place vide. C'est lui qui sera le donneur pour la donne suivante.

Pourquoi ce mouvement, en apparence inutile ? Il sert à équilibrer les chances qu'ont les trois joueurs de devenir déclarant au cours d'une suite de donnes.

En ce qui concerne la marque, il faut prévoir trois colonnes, une par joueur. Quand le déclarant réalise son contrat, il est seul à marquer les points correspondants. Quand le contrat chute, les deux défenseurs sont gratifiés des points de chute.

CHAPITRE 2

AFFRANCHIR

Le contrat est déterminé. Le jeu de la carte, comme disent les bridgeurs, commence. Le déclarant engage la lutte avec les défenseurs. Il va chercher à réaliser son contrat, ses adversaires vont faire de leur mieux pour l'en empêcher.

Cartes maîtresses et levées de tête

Au début de la donne, le déclarant possède un certain nombre de **cartes maîtresses.** Une carte est dite maîtresse si le camp adverse ne possède aucune carte de la même couleur de rang supérieur.

L'As est toujours une carte maîtresse. Si dans une couleur, le déclarant et le mort détiennent, à eux deux, l'As et le Roi, le Roi est aussi une carte maîtresse. De même avec l'As, le Roi et la Dame. Et ainsi de suite.

♠ R 5

N

S

♠ A 7 4

Dans l'ensemble du livre, le déclarant et le mort seront toujours placés en Nord-Sud. Nous ne préciserons lequel est en Nord et lequel en Sud que lorsque cela aura une importance.

Grâce à l'As et au Roi, le déclarant dispose de deux levées toutes prêtes, qu'il pourra encaisser le moment venu. A une condition toutefois : qu'il ne joue pas l'As et le Roi au cours de la même levée.

« Marier » les honneurs se justifie dans les jeux où la marque attribue une valeur aux hautes cartes. Au bridge, où seul compte le nombre des levées, il s'agit d'un pur gaspillage.

Il existe cependant des cas de mariage forcé.

♢ R V 6

N

S

♢ A D 3

Le déclarant possède dans cette couleur quatre cartes maîtresses : l'As, le Roi, la Dame et le Valet. Mais il ne peut y faire que trois levées. L'obligation de fournir fait qu'au bout de trois tours, Nord et Sud n'auront plus de cartes dans la couleur.

Au cours des trois levées, il y aura eu un mariage forcé entre deux honneurs. Cette coutume désuète n'a pas fini de sévir au bridge.

Au début du coup, le déclarant dispose ainsi d'un certain nombre de **levées de tête**, grâce à ses cartes maîtresses. Ses levées de tête ne sont pratiquement jamais en nombre suffisant pour lui permettre de réaliser son contrat. Heureusement d'ailleurs ! Le bridge ne serait pas un jeu très amusant.

Pour atteindre son objectif, le déclarant doit donc créer des levées supplémentaires. Comment ? Les moyens sont nombreux, mais le principal est l'affranchissement, d'honneur ou de longueur. Voyons de quoi il s'agit.

Le déclarant et le mort possèdent à Trèfle :

♣ R V 6 5

N

S

♣ D 10 8 4

Les défenseurs détiennent les autres cartes de la couleur, et donc en particulier l'As. Mais le déclarant et le mort possèdent à eux deux les quatre cartes immédiatement inférieures : le Roi, la Dame, le Valet et le 10. Ces cartes ne demandent qu'à faire des levées. Il faut d'abord leur ouvrir la voie, en éliminant l'obstacle que l'As représente.

Dans ce but, le déclarant joue l'un de ses gros Trèfles, par exemple le Roi de Nord. L'un des défenseurs met l'As et remporte la levée. La situation est devenue :

♣ V 6 5

N

S

♣ D 10 8

Certes le déclarant a délibérément offert une levée à ses adversaires. Mais ce cadeau était tout à fait intéressé. Le barrage de l'As a sauté, la plus forte carte que les adversaires détiennent encore est le 9. La Dame, le Valet et le 10 sont devenus des cartes maîtresses.

On dit que ces trois cartes ont été **affranchies**. Dans le langage courant, un esclave affranchi devient un homme libre. Dans le jargon du bridge, une carte affranchie devient directement une carte maîtresse.

Attention ! Le déclarant devra se souvenir des cartes qui sont devenues maîtresses.

Le déclarant a joué le Roi au premier tour de Trèfle. Il aurait pu tout aussi bien choisir la Dame, le Valet ou le 10. Du point de vue de l'affranchissement, les quatre cartes sont parfaitement équivalentes.

Il est possible qu'au premier tour de la couleur l'adversaire qui possède l'As ne le mette pas. Cela ne doit pas perturber le déclarant. Il a déjà remporté une levée, et il doit continuer à jouer dans la couleur pour mener à bien son affranchissement.

Privons maintenant le déclarant de son Roi.

♣ V 9 3 2

N

S

♣ D 10 8 5

Il manque le Roi en plus de l'As. Mais le principe est le même. La Dame et le Valet font sauter l'As et le Roi, puis le 10 et le 9 peuvent rapporter deux levées.

Le processus est plus long, puisqu'il faut rendre deux fois la main aux adversaires. Mais c'est parfois, pour le déclarant, la meilleure sinon la seule façon de gagner son contrat.

**Affranchissez vos honneurs,
en faisant tomber les honneurs adverses
qui leur barrent la route.**

Examinons maintenant une situation toute différente.

◇ A 8 6 5

N

S

◇ R 7 4 2

Cette fois, le déclarant dispose de deux levées de tête, grâce à l'As et au Roi. Il ne doit pas s'en contenter.

En effet, son camp détient huit Carreaux, et les défenseurs seulement cinq. Supposons que l'un des défenseurs en ait trois, et l'autre deux. On dit alors qu'ils sont **répartis** 3-2. C'est d'ailleurs le cas le plus fréquent. Les défenseurs n'auront plus de Carreau au bout de trois tours de la couleur. Alors que le déclarant et le mort en auront encore chacun un. Quand son camp aura la main, le déclarant pourra jouer un quatrième tour de Carreau, qui rapportera une levée supplémentaire, les adversaires étant réduits à défausser.

Et si les Carreaux de la défense sont répartis de manière plus dissymétrique ? La situation du déclarant est moins agréable. Si l'un de ses adversaires détient au départ quatre Carreaux, il lui en restera un au bout de trois tours de la couleur. Le déclarant sera obligé de faire une croix sur sa levée de longueur. Il devra se contenter de ses deux levées initiales dans la couleur.

	◇A 8 6 5	
◇D 10 3	N O E S	◇V 9
	◇R 7 4 2	

L'affranchissement
du quatrième Carreau
est possible

	◇A 8 6 5	
◇D V 10 3	N O E S	◇9
	◇R 7 4 2	

L'affranchissement
du quatrième Carreau
est impossible

D'une manière générale, à quelle condition le déclarant peut-il affranchir des levées de longueur dans une couleur ? Il faut pour cela qu'une des mains de son camp, ou les deux, possèdent plus de cartes dans cette couleur que les deux mains adverses.

De la théorie, passons maintenant à la pratique. Regardons comment le déclarant doit opérer.

Voulant affranchir un petit Carreau, il joue donc un premier tour de la couleur. Par exemple l'As de Nord et le 2 de Sud. Il suit avec attention les cartes jouées par ses adversaires, pour savoir si l'affranchissement qu'il envisage est possible.

Il arrive, mais c'est tout à fait exceptionnel, que l'un des défenseurs défausse dès le premier tour. Il n'avait donc aucun Carreau, et son partenaire avait les cinq autres. Devant ce coup du sort, le déclarant doit renoncer à l'affranchissement d'un petit Carreau, et chercher ses levées manquantes ailleurs.

Beaucoup plus fréquemment, les deux défenseurs fournissent au premier tour. Le déclarant prend soin de compter combien il leur reste de Carreaux : 5 — 2 = 3. Et surtout de bien noter ce nombre.

Le déclarant donne alors un deuxième tour de la couleur. A nouveau, deux cas sont possibles.

Premier cas : Un des défenseurs défausse. Il n'avait au départ qu'un Carreau. Le déclarant est confronté à une répartition 4-1 ; il doit abandonner l'idée d'affranchir un petit Carreau.

Second cas: Les deux adversaires fournissent au deuxième tour. Il ne leur reste plus que 3 — 2 = 1 Carreau à eux deux. Le déclarant n'a plus qu'à donner un troisième tour de la couleur. La défense remporte la levée, mais elle est désormais totalement dépourvue de Carreau. L'affranchissement a été mené à bien.

Quand son camp récupérera la main, le déclarant pourra jouer Carreau et concrétiser sa **levée de longueur** dans la couleur. Là encore, il faudra qu'il se souvienne que les adversaires n'y détiennent plus aucune carte !

Remplaçons dans notre exemple précédent le Roi par une petite carte.

♢ A 8 6 5

N

S

♢ 7 4 3 2

Le déclarant n'a plus qu'une levée de tête dans la couleur. Qu'y a-t-il de changé en ce qui concerne l'affranchissement de longueur ?

Il reste possible à la même condition, à savoir que les Carreaux des défenseurs soient répartis 3-2. Pour le mener à bien, le déclarant doit là aussi jouer trois tours de la couleur. Mais comme il n'a plus que l'As comme honneur, il devra concéder deux levées aux adversaires, et donc aussi leur laisser deux fois la main au lieu d'une.

Affranchissez vos longueurs,
en épuisant la couleur chez vos adversaires.

Nous avons examiné successivement l'affranchissement d'honneur et l'affranchissement de longueur. Marquons bien la différence entre ces deux manœuvres.

Dans l'affranchissement d'honneur, on fait sauter un ou

plusieurs honneurs adverses. Le but est de rendre maîtresses des cartes parce que les adversaires n'ont plus de cartes supérieures dans la couleur. On parle d'affranchissement d'honneur, parce que les cartes affranchies sont en général des honneurs. Les levées qu'elles réaliseront se nomment **levées d'honneur.**

Dans l'affranchissement de longueur, on épuise les cartes adverses. Le but est cette fois de rendre maîtresses des cartes parce que les adversaires n'ont plus du tout de cartes dans la couleur. Les levées qu'elles réaliseront se nomment **levées de longueur.**

L'affranchissement de longueur est une manœuvre fondamentale au bridge, parce qu'une petite carte peut remporter une levée, et surtout parce que cette levée a autant de valeur qu'une levée remportée avec une grosse carte.

Exercices

1. Le déclarant possède à Trèfle dans une main A 5 3 et dans l'autre R D 7 4 2. Combien peut-il espérer faire de levées dans la couleur?

2. Même question avec R 7 6 3 2 dans une main et A 8 5 4 dans l'autre.

Solutions

1.

♣ A 5 3

N

S

♣ R D 7 4 2

Cette couleur rapporte bien entendu trois levées d'honneur. Mais elle peut aussi procurer des levées de longueur.

Le déclarant y détient au total huit cartes, les adversaires cinq. Si elles sont réparties 3-2, ils les fourniront sur les trois premiers tours. Le déclarant aura alors encore deux Trèfles, affranchis, en Sud. Il réalisera au total cinq levées dans la couleur.

Que se passe-t-il si les Trèfles adverses sont moins favorablement partagés ? En cas de répartition 4-1, le déclarant a besoin de quatre tours pour épuiser les Trèfles de la défense. Il ne peut en affranchir qu'un en Sud. La couleur ne lui rapportera que quatre levées. En outre, comme il n'a que trois cartes maîtresses, il faudra qu'il concède une levée aux adversaires.

Enfin, dans le cas, très improbable, d'une répartition 5-0, le déclarant ne peut réaliser aucune levée de longueur dans la couleur. Il devra se contenter de ses trois levées d'honneur.

2.

♣ R 7 6 3 2

N

S

♣ A 8 5 4

Nous sommes cette fois dans le cas d'une couleur où le camp du déclarant possède neuf cartes. Les adversaires n'en détiennent que quatre.

Comme toujours, la répartition la plus favorable (pour le déclarant !) est la plus symétrique : 2-2. Dans ce cas, les Trèfles de la défense tomberont sur l'As et le Roi, et la couleur rapportera encore trois levées au déclarant, grâce aux trois Trèfles restant chez Nord.

En cas de répartition 3-1, un des défenseurs aura encore un Trèfle maître quand le déclarant aura joué l'As et le Roi. En jouant un troisième tour de la couleur, le déclarant concède une levée à la défense, mais il affranchit deux levées de longueur. Il y aura souvent intérêt.

Enfin, en cas de répartition 4-0, le déclarant a besoin de concéder deux levées pour en affranchir une seule, ce qui ne sera pas en général assez productif.

Affranchir : la défense

Jusqu'à présent, le héros de nos affranchissements était le déclarant. Mais les affranchissements rapportent aussi des levées aux défenseurs. Cependant, le déclarant voit son jeu et celui du mort ; il connaît exactement les forces dont dispose son camp dans chaque couleur. Au contraire, chaque défenseur ne voit pas le jeu de son partenaire, ce qui complique souvent la situation.

En ce qui concerne tout d'abord l'affranchissement d'honneur, il existe cependant un cas favorable aux défenseurs. C'est celui où l'un d'eux détient deux ou plusieurs honneurs consécutifs. Supposons par exemple qu'un défenseur détienne à Pique :

R D 5

L'As est le plus souvent chez les adversaires, qui détiennent une bien plus grande force d'honneurs. Ouest peut le faire sauter avec un de ses honneurs pour affranchir l'autre, comme l'aurait fait le déclarant.

La manœuvre est encore plus productive si le défenseur détient trois ou quatre honneurs consécutifs :

R D V 5
ou D V 10 4
ou même R D V 10 6

Dans tous ces cas, le défenseur doit commencer par jouer son honneur le plus élevé, la **tête de séquence.** Il s'agit là d'une convention, dont l'objectif est de renseigner le partenaire. En effet, quand un défenseur voit son partenaire attaquer une levée d'un honneur, il sait que son partenaire cherche à affranchir des honneurs. Mais il sait aussi, grâce à la convention « tête de séquence », que son partenaire ne possède pas l'honneur supérieur.

Ainsi un défenseur qui voit son partenaire jouer un Roi comme première carte d'une levée sait que ledit partenaire possède la Dame, et qu'il ne possède pas l'As. De même, si un défenseur attaque une levée de la Dame, c'est qu'il possède le Valet, et qu'il ne possède pas le Roi.

Jouez tête de séquence.

Examinons maintenant une main complète.

♠ R D V 5
♡ 9 5
♢ A 8 3
♣ 10 7 6 2

Ouest a relevé cette main. C'est à lui d'entamer. (Dans les livres, le déclarant est traditionnellement installé en Sud ; c'est donc à Ouest que revient la charge bien souvent délicate d'entamer).

Ouest doit sélectionner comme entame le Roi de Pique. Sa Dame et son Valet seront devenus maîtres, si le déclarant ou le mort remporte la levée avec l'As. Il reprendra la main avec son As de Carreau, si le déclarant cherche à affranchir cette couleur. Ouest sera alors en mesure d'encaisser ses deux honneurs à Pique.

Il est possible également que son partenaire Est reprenne la main avant lui. Grâce à l'entame du Roi de Pique, Est saura qu'Ouest cherchait à affranchir des honneurs dans cette couleur. Est aura le plus souvent intérêt à rejouer Pique pour permettre à son partenaire d'encaisser ses levées.

L'affranchissement de longueur est aussi pour la défense une manœuvre essentielle, plus même sans doute que pour le déclarant.

Ouest est encore à l'entame. Il a hérité des treize cartes suivantes :

♠ 8 6 4
♡ D 8 5 4 2
◇ 8 3
♣ A V 5

Ouest ne détient pas de séquence d'honneurs. Pas question donc pour le moment d'envisager un affranchissement d'honneur. Il lui faut commencer un affranchissement de longueur. Dans quelle couleur?

Le mieux serait de le faire dans la couleur la plus longue de son camp. Mais il ne la connaît malheureusement pas, puisque son partenaire n'a pas le droit de lui montrer ses cartes! Il ne peut donc se fonder que sur son propre jeu. Ici, une couleur est plus longue que les autres, c'est Cœur. Ouest doit entamer d'un petit de cette couleur, en espérant que son partenaire n'y sera pas trop court.

Entamez dans vos couleurs longues.

Passons maintenant de l'autre côté de la table. Examinons les problèmes d'Est. Son partenaire a entamé du 2 de Cœur. Le mort a étalé son jeu:

♠ A V 10 2 ♡ 7 6 3 ◇ R D V 4 ♣ 10 7	
Mort E	♠ D 9 7 5 3 ♡ V 10 9 ◇ A 7 ♣ 9 6 4

Est met le 9. Le déclarant prend du Roi, puis rejoue Carreau pour le Roi du mort. Est remporte la levée avec l'As. Que doit-il faire?

Est pourrait songer à commencer l'affranchissement de sa couleur la plus longue, Pique. Mais attention, la situation n'est pas la même qu'à l'entame. Son partenaire a entamé

Cœur. L'affranchissement de cette couleur a donc déjà débuté. Il faut persévérer. Est doit rejouer Cœur. Ce qui veut dire qu'il doit se souvenir que c'est dans cette couleur que son partenaire avait entamé !

Rejouez dans la couleur d'entame du partenaire.

Bien sûr, le bridge n'est en rien un jeu mécanique, et il y a des exceptions à ce principe, comme à tous ceux que nous avons déjà donnés. Mais il vous aidera quand même à faire chuter bien des contrats.

Vous avez sans doute noté au passage qu'Est avait fourni le 9 à la première levée. Il possédait trois cartes consécutives, le Valet, le 10 et le 9. Il n'a pas joué la plus forte des trois, le Valet, mais la plus faible, le 9.

En effet, la convention prévoyant de jouer une tête de séquence ne s'applique que quand un défenseur joue en premier pour la levée. Dans les autres cas, la convention inverse est de règle : c'est la plus faible de deux ou plusieurs cartes consécutives qu'il faut jouer en deuxième, troisième ou quatrième position.

Ainsi, en voyant le 9 d'Est, Ouest saura que son partenaire n'a pas le 8. Mais la convention a un intérêt encore plus grand. Imaginez qu'Ouest possède la Dame. Est joue donc le 9, et le déclarant prend du Roi.

	♡ 7 6 3	
	Mort	
♡ D 5 4 2	O E	♡ 9
	Déclarant	
	♡ R	

Ouest peut en conclure que le Valet et le 10 sont chez son partenaire. En effet, si le déclarant avait eu entre les mains une de ces cartes, elle lui aurait suffi pour remporter la levée.

Tirez toutes les déductions possibles des cartes jouées par votre partenaire et par le déclarant.

Essayez maintenant quelques exercices d'entame.

1. ♠ V 9 8 6 3
♡ R 10 6 2
◇ V 4
♣ D 7

2. ♠ D V 10 7 3
♡ D 10 8 5 2
◇ 8 4
♣ 7

3. ♠ A V 9 4 3
♡ 10 8 6 5 2
◇ D 6
♣ 5

4. ♠ 8 7
♡ D V 10 3
◇ R D V 4
♣ 10 6 3

Solutions

1.
♠ V 9 8 6 3
♡ R 10 6 2
◇ V 4
♣ D 7

Pas de problème, vous entamez dans votre couleur longue, d'un petit Pique.

2.
♠ D V 10 7 3
♡ D 10 8 5 2
◇ 8 4
♣ 7

Cette fois, vous possédez deux couleurs longues, qui ont toutes les deux cinq cartes. Choisissez celle qui comporte une séquence, Pique, et entamez de la tête de cette séquence, la Dame.

♠3A V 9 4 3
♡ 10 8 6 5 2
♢ D 6
♣ 5

Vous avez encore deux couleurs de cinq cartes, mais cette fois aucune ne contient de séquence. En revanche, Pique sera beaucoup plus rapidement affranchissable que Cœur. Entamez d'un petit Pique.

4. ♠ 8 7
♡ D V 10 3
♢ R D V 4
♣ 10 6 3

Vous avez deux couleurs de quatre cartes, Cœur et Carreau. Elles comportent toutes les deux une séquence. Choisissez la séquence la plus haute, qui permet un affranchissement plus rapide. Entamez du Roi de Carreau.

Affranchir d'abord

Approchons-nous maintenant ensemble d'une table de mini-bridge. Vous voyez les quatre jeux, ce qui n'est pas bien sûr la situation normale. Mais ce privilège vous permettra de suivre plus facilement les explications qui vont suivre.

N'hésitez pas à prendre un jeu de cartes, et à reconstituer les quatre mains si vous n'êtes pas encore tout à fait habitué à la présentation sous forme de diagramme.

Donne 3

	♠ D 7 6 ♡ A 7 5 ♢ 10 6 5 ♣ R V 6 5	
♠ 9 8 5 ♡ D V 10 6 2 ♢ D 9 7 ♣ A 3	N O E S	♠ V 10 3 2 ♡ 9 3 ♢ R V 8 3 ♣ 9 7 2
	♠ A R 4 ♡ R 8 4 ♢ A 4 2 ♣ D 10 8 4	

Sud, donneur, se compte 16 points. Il ouvre. Nord lui indique qu'il a 10 points. Sud déclare le contrat, 3 SA. Au bridge proprement dit, le contrat serait d'ailleurs le même.

Ouest entame de la Dame de Cœur.

A Trèfle, vous avez reconnu la situation que nous avons examinée dans notre premier exemple.

Premier scénario. Sud est encore un débutant. Il prend la première levée de l'As de Cœur. Puis il examine la situation. Il constate qu'il peut encaisser « beaucoup » de levées... ce qu'il s'empresse de faire: « Ce sera toujours ça de pris. On verra ensuite ».

Sud tire donc l'As, le Roi et la Dame de Pique. Il continue avec le Roi de Cœur puis l'As de Carreau. La situation est devenue:

	♠ — ♡ 7 ♢ 10 6 ♣ R V 6 5	
♠ — ♡ V 10 6 ♢ D 9 ♣ A 3	N O E S	♠ V ♡ — ♢ R V 8 ♣ 9 7 2
	♠ — ♡ 8 ♢ 4 2 ♣ D 10 8 4	

N'ayant plus de levées à encaisser, le déclarant songe maintenant à affranchir ses Trèfles. Il joue le Roi. Et il voit la suite... Ouest remporte la levée avec l'As. Puis il encaisse ses Cœurs, et ensuite joue Carreau, ce qui permet à son partenaire de remporter les dernières levées. Le déclarant a réalisé les six premières levées, la défense les sept dernières. Résultat final : trois de chute.

Deuxième scénario. En Sud est assis un joueur un peu plus expérimenté. Après avoir fait la première levée de l'As de Cœur, il s'attaque tout de suite à l'affranchissement des Trèfles, en jouant le Roi du mort. Ouest prend la levée de l'As. La situation se présente ainsi, Ouest ayant la main :

	♠ D 7 6 ♡ 7 5 ♢ 10 6 5 ♣ V 6 5	
♠ 9 8 5 ♡ V 10 6 2 ♢ D 9 7 ♣ 3	N O E S	♠ V 10 3 2 ♡ 9 ♢ R V 8 3 ♣ 9 7
	♠ A R 4 ♡ R 8 ♢ A 4 2 ♣ D 10 8	

La différence avec le diagramme précédent saute aux yeux. Ici, Ouest n'a aucune carte maîtresse à encaisser. Contrairement à notre débutant, le joueur expérimenté ne lui a pas affranchi ses Cœurs en jouant son Roi. Il n'a pas non plus affranchi le Valet de Pique d'Est, ni les Carreaux de la défense.

Ouest rejoue le Valet de Cœur, pour continuer l'affranchissement de la couleur. Le déclarant compte qu'il s'est créé assez de levées pour gagner son contrat. Il est maintenant temps de les encaisser, et de recevoir les félicitations de son partenaire.

Quelle morale tirer de cette fable ? Elle se résume par le principe : « Affranchir d'abord ».

Au début du coup, le déclarant ne dispose pas de levées en nombre suffisant pour gagner le contrat qu'il a demandé. Il doit donc, en priorité, chercher à se procurer des levées supplémentaires, et non se précipiter pour réaliser ses levées maîtresses, et affranchir ainsi des levées pour le camp adverse. C'est ce que résume la phrase : « Affranchir d'abord ».

Ce principe va tout à fait à l'encontre des tendances naturelles. De plus il ne s'applique pas dans la plupart des autres jeux de cartes que vous avez pu déjà pratiquer.

C'est pourquoi nous avons tant insisté dessus. Si vous débutez au bridge, c'est sans conteste le premier principe que vous devez comprendre, retenir... et appliquer.

Les débutants ont une autre raison de ne pas aimer ce principe. C'est l'accident qui leur arrive parfois. Ils oublient qu'ils ont affranchi certaines cartes. Dans notre exemple, le déclarant doit jouer le Roi de Trèfle pour faire sauter l'As. Mais il faut ensuite qu'il se souvienne que sa Dame, son Valet et son 10 sont devenus maîtres : ce ne sera inscrit nulle part.

Nous avons encore une autre leçon à tirer de notre exemple. Vous avez pu voir que le déclarant a intérêt à compter, dès que le mort étale son jeu, les levées de tête dont il dispose. Il en déduit immédiatement le nombre des levées qui lui manquent pour réaliser son contrat. Chaque fois qu'il se crée une ou plusieurs levées supplémentaires, il réduit d'autant le nombre des levées encore nécessaires.

Reprenons notre exemple.

	♠ D 7 6 ♡ A 7 5 ◇ 10 6 5 ♣ R V 6 5	
♠ 9 8 5 ♡ D V 10 6 2 ◇ D 9 7 ♣ A 3	N O E S	♠ V 10 3 2 ♡ 9 3 ◇ R V 8 3 ♣ 9 7 2
	♠ A R 4 ♡ R 8 4 ◇ A 4 2 ♣ D 10 8 4	

Le déclarant se compte trois levées de tête à Pique, deux à Cœur et une à Carreau, soit au total six. Le contrat étant de 3 SA, il lui en faut neuf, et il lui en manque trois. Il suffit d'affranchir les Trèfles. Dès qu'Ouest aura joué son As, le déclarant saura qu'il a son contrat en poche.

Bien sûr, ce ne sera pas toujours aussi facile. Mais quand vous êtes déclarant, habituez-vous à compter vos levées de tête initiales et le nombre des levées qui vous manquent. Puis faites le point au fur et à mesure. Vous saurez toujours où vous en êtes, et quand vous aurez toutes vos levées, vous pourrez les encaisser.

Prenez cette habitude tout de suite. C'est facile, et cela vous rapportera gros tout au long de votre carrière de bridgeur(se). Compter ses levées, même les champions le font !

Donne 4

♠ 8 3
♡ A 7 4 3
◇ R 10 4
♣ R 8 6 2

Mort
Déclarant

♠ A R
♡ R 5
◇ D V 9 8 6 3
♣ D 9 4

Le camp Nord-Sud détient au total 25 points d'honneurs, et le contrat est donc cette fois encore 3 SA. Ouest entame de la Dame de Pique.

Le déclarant compte d'abord ses levées de tête. Il en dénombre quatre, deux à Pique et deux à Cœur. Dans ces deux couleurs, son camp détient en effet l'As et le Roi. Pour gagner son contrat de 3 SA, il doit remporter neuf levées. Il a donc besoin de cinq levées supplémentaires.

Il peut affranchir des Carreaux, en faisant sauter l'As adverse. Comme il a six cartes de la couleur dans sa main, il pourra réaliser au total cinq levées.

A Trèfle, il peut aussi faire sauter l'As adverse et affranchir une levée d'honneur.

Après avoir achevé cette analyse, le déclarant fournit un petit Pique du mort et met son Roi. Puis il joue le 3 de Carreau, sur lequel il met le Roi du mort. Est remporte la levée avec son As, et rejoue Pique. Le déclarant fait la levée avec son As.

Il pourrait songer maintenant à affranchir un honneur à Trèfle. Mais ce serait bien imprudent. En effet, grâce à son compte de levées, il sait qu'il a désormais son contrat en poche, avec les quatre levées de tête et les cinq Carreaux affranchis. S'il joue Trèfle, les adversaires prendront la main et feront défiler leurs Piques, le déclarant n'ayant aucun moyen de les en empêcher. Or, ils avaient au départ neuf Piques. Même si ces Piques étaient répartis 5-4, un des adversaires en aurait encore trois, prêts à réaliser trois levées. Avec l'As de Carreau et l'As de Trèfle, le total atteint cinq levées, suffisamment pour la chute.

Le déclarant ne doit pas compromettre son contrat pour une levée de mieux. Après la deuxième levée de Pique, il doit renoncer à affranchir un honneur à Trèfle, et encaisser tout de suite ses levées.

Il s'agit d'un principe général : quand le déclarant a affranchi suffisamment de levées pour gagner son contrat, il ne doit pas le mettre en danger pour réaliser des levées de mieux. Le jeu n'en vaut pas la chandelle.

En revanche, il arrive souvent que le déclarant puisse, sans mettre en danger son contrat, tenter de remporter des levées supplémentaires. Il doit alors le faire pour augmenter les gains de son camp.

Voici un diagramme complet possible pour la donne que nous venons de commenter. Si vous le souhaitez, vous pouvez la reconstituer avec un jeu de cartes, et la rejouer. Le mieux est de le faire avec vos partenaires habituels.

	♠ 8 3 ♡ A 7 4 3 ♢ R 10 4 ♣ R 8 6 2	
♠ D V 10 6 5 ♡ D 9 2 ♢ 7 2 ♣ A 10 3	Mort O E Déclarant	♠ 9 7 4 2 ♡ V 10 8 6 ♢ A 5 ♣ V 7 5
	♠ A R ♡ R 5 ♢ D V 9 8 6 3 ♣ D 9 4	

Donne 5

♠ 8 4 2
♡ A D V 5
◇ D 6 3
♣ A 9 5

Mort
Déclarant

♠ R 10 3
♡ R 7
◇ R V 5
♣ R 10 8 4 3

Le camp Nord-Sud a un point de plus que dans la donne précédente, mais le contrat est encore 3 SA.

Ouest entame d'un petit Pique, Est met la Dame, et Sud remporte la levée avec son Roi.

Comme vous devez commencer à en prendre l'habitude, le déclarant compte ses levées de tête : quatre à Cœur, deux à Trèfle, soit six au total. En ajoutant la levée remportée à l'entame, il arrive à sept. Il lui reste deux levées à trouver.

A Carreau, le déclarant peut affranchir deux levées d'honneur, après avoir fait sauter l'As des adversaires. A Trèfle, son camp détient huit Trèfles, et les défenseurs cinq. En cas de répartition 3-2, il peut les faire tomber en trois tours, et affranchir deux levées de longueur.

Les Carreaux ou les Trèfles peuvent donc fournir les deux levées manquantes. Laquelle de ces couleurs faut-il choisir ?

Il faut choisir Carreau. L'affranchissement de deux levées d'honneur y est certain, alors qu'à Trèfle l'affranchissement des deux levées de longueur ne se réalisera que si les cartes adverses sont réparties 3-2. C'est certes la répartition la plus probable, mais elle n'est pas certaine.

Une autre raison conduit à préférer les Carreaux. Quand ils reprendront la main, les adversaires encaisseront leurs Piques. Ils en avaient au départ sept. Dans le cas d'une répartition initiale 4-3, la plus favorable pour le déclarant, ils réaliseront ainsi trois levées. Si le déclarant leur concède un Trèfle, il s'ajoutera à ces trois levées et à l'As de Carreau pour faire un total de cinq levées, et le contrat chutera.

Après la première levée, le déclarant doit donc jouer immédiatement Carreau. Il sait qu'il se met en position de chuter, si l'un des adversaires a 4 Piques à encaisser, qui s'ajouteront à l'As de Carreau. Mais c'est sa meilleure chance de gagner son contrat, et il ne lui servirait à rien de vouloir retarder l'échéance.

Dans le cas de répartition que voici, le contrat est réalisé :

	♠ 8 4 2 ♡ A D V 5 ◇ D 6 3 ♣ A 9 5	
♠ A V 7 5 ♡ 9 6 3 ◇ A 7 4 ♣ D 7 6	Mort O E Déclarant	♠ D 9 6 ♡ 10 8 4 2 ◇ 10 9 8 2 ♣ V 2
	♠ R 10 3 ♡ R 7 ◇ R V 5 ♣ R 10 8 4 3	

Donne 6

♠ A D
♡ R 10 8 3
◇ A 7 4 2
♣ 9 6 5

Mort
Déclarant

♠ R 5
♡ D V 6
◇ R 8
♣ A 10 8 7 4 2

Le contrat est une fois de plus 3 SA. Ouest entame du Valet de Pique.

Le déclarant dénombre ses levées de tête. Il n'en compte que deux à Pique, bien que son camp possède l'As, le Roi et la Dame : les deux mains ne comportent chacune que deux Piques ; c'est un cas de mariage forcé. Le déclarant compte également deux levées de tête à Carreau, et une à Trèfle. Le total fait cinq, il manque donc quatre levées. Où les trouver ?

A Cœur, une fois l'As adverse éliminé, trois levées seront affranchies.

A Trèfle, le camp du déclarant détient neuf cartes, et les adversaires quatre. Un affranchissement de longueur est possible :

— si les Trèfles adverses sont répartis 2-2, il suffira de concéder une levée après l'As ; quatre Trèfles seront alors devenus maîtres ;

— si les Trèfles adverses sont répartis 3-1, il faudra concéder deux levées après l'As, et trois levées seulement seront affranchies.

Après avoir remporté la première levée, que doit donc faire le déclarant ? Il peut être tenté de commencer par les Cœurs, qui peuvent lui apporter trois levées. Mais comme il lui en faut quatre, cela l'engagerait dans une voie sans issue.

L'adversaire ayant l'As rejouerait Pique, faisant sauter son dernier arrêt. Le déclarant serait obligé de rendre de nouveau la main aux adversaires pour rechercher la levée qui lui manque encore. Ceux-ci en profiteraient pour encaisser leurs Piques et faire chuter le contrat.

Après la première levée, le déclarant doit donc s'occuper des Trèfles. Il joue l'As, puis un second tour de la couleur.

Si les deux défenseurs fournissent, tout va bien. Les Trèfles sont affranchis et ils fourniront les quatre levées manquantes. De plus, le déclarant ne devra donner qu'une fois la main à ses adversaires. Ils pourront affranchir leurs Piques, mais n'auront pas le temps de les encaisser.

En revanche, si un des défenseurs ne fournit pas au deuxième tour de Trèfle, le contrat chutera.

Voici une donne complète, où les Trèfles sont favorablement répartis pour le déclarant :

	♠ A D ♡ R 10 8 3 ◇ A 7 4 2 ♣ 9 6 5	
♠ V 10 9 7 4 ♡ A 9 5 ◇ 10 6 3 ♣ D 3	Mort O E Déclarant	♠ 8 6 3 2 ♡ 7 4 2 ◇ D V 9 5 ♣ R V
	♠ R 5 ♡ D V 6 ◇ R 8 ♣ A 10 8 7 4 2	

CHAPITRE 3

LES JEUX D'HONNEURS

Au chapitre 2, nous avons examiné des situations où le déclarant ou un défenseur détenaient des honneurs consécutifs, ce qui leur permettait de les affranchir aisément. Mais il existe des cas moins favorables, que vous avez certainement déjà rencontrés si vous avez commencé à pratiquer le mini-bridge.

Les impasses

Penchons-nous d'abord sur le cas d'un Roi bien isolé.

♠ R (...) 3

N

S

♠ (...) 4

Là encore, nous ne précisons pas si c'est le déclarant qui est en Sud et le mort en Nord ou si c'est l'inverse. L'examen de la situation est identique dans les deux cas.

Les points de suspension signalent qu'en dehors des cartes indiquées les deux joueurs peuvent détenir d'autres cartes, que nous supposerons cependant petites (disons inférieures au 10).

Le Roi de Nord est le seul honneur de son camp, à Pique. Peut-il quand même rapporter une levée?

Si la main est du côté qui détient le Roi, il serait peu astucieux de le jouer.

Le Roi serait pris par l'As d'un des adversaires. Il ne resterait plus au déclarant que des petites cartes dans les deux mains. Trop petites pour réaliser une levée. Le sacrifice du Roi n'aurait servi à rien, en l'absence d'autres honneurs.

Regardons maintenant ce qui se passe si le déclarant joue d'abord une carte de la main située en face du Roi.

Sud présente donc le 4. C'est alors à Ouest de jouer. Supposons d'abord qu'il possède l'As.

♠ R (...) 3

N

♠ A (...) 2 O E

S

♠ (...) 4

Ouest peut mettre son As tout de suite, et remporter la levée. Le déclarant fournira alors une petite carte de Nord. Mais le Roi aura été promu au rang de carte maîtresse, prête à procurer une levée quand le déclarant ou le mort reprendra la main.

Ouest, toujours dans le cas où il possède l'As, a bien sûr le droit de fournir une petite carte sur le 4 de Pique. Le déclarant met alors le Roi de Nord. Ce Roi remporte la levée, puisque Est n'a pas de carte supérieure.

Si donc Ouest détient l'As de Pique, le fait qu'il soit obligé de jouer avant la main qui possède le Roi le contraint à laisser ce Roi remporter une levée. Tout de suite s'il ne met pas son As, un peu plus tard s'il le met.

Que se passe-t-il si au contraire le sort a attribué l'As à Est ?

♠ R (...) 3

	N	
O		E ♠ A (...)
	S	

♠ (...) 4

Sur le 4, Ouest fournit une petite carte, le déclarant met le Roi .... et Est remporte la levée avec son As. Le Roi ne rapportera pas de levée.

Récapitulons. Dans la position considérée, il faut jouer une petite carte de la main située en face du Roi. Si l'adversaire qui joue en second pour la levée possède l'As, il ne peut empêcher le Roi de réaliser une levée. Si par contre l'As est chez l'adversaire qui joue en quatrième, le Roi ne rapportera pas de levée.

ça marche !	ça ne marche pas !
♠ R (...) 3	♠ R (...) 3
N	N
♠ A (...) O — E	O — E ♠ A (...)
S	S
♠ (...) 4	♠ (...) 4

Jouez petit vers un honneur isolé.

La manœuvre consistant à jouer une petite carte vers un honneur, quand manque l'honneur supérieur, s'appelle une **impasse**. Elle ne réussit que si l'honneur manquant est bien placé, c'est-à-dire dans la main qui doit jouer en second. Au moment où il tente une impasse, le déclarant ne sait pas si elle sera couronnée de succès.

Cette manœuvre, l'impasse, est d'un usage très fréquent au bridge. Passer en revue toutes les situations où elle s'applique serait un travail herculéen, auquel nous ne nous attellerons pas. Nous nous contenterons de vous donner une série d'exemples, qui illustreront les principaux mécanismes. A vous ensuite d'appliquer ces mécanismes dans votre pratique du mini-bridge, puis du bridge.

♡ A (...) 2

N
S

♡ D (...) 5 4

Ce n'est peut-être pas évident, mais cette situation ressemble comme une sœur à la précédente. Le déclarant possède un honneur, mais il lui manque l'honneur immédiatement supérieur. Ici l'honneur présent est la Dame, l'honneur absent est le Roi. La présence de l'As ne change pas grand-chose à l'affaire.

Le déclarant joue petit vers la Dame, en espérant que le Roi est chez l'adversaire qui jouera en second pour la levée, ici Est. Si c'est bien le cas, la Dame procurera une levée.

L'As et la Dame dans la même main

Rassemblons maintenant l'As et la Dame dans la même main.

♡ (...) 3

N
S

♡ A D (...)

La technique et les conditions de succès sont les mêmes : petit vers la Dame, en espérant le Roi chez Est. Mais il y a une différence, et elle est même de taille.

Le déclarant présente le 3. Supposons que c'est bien Est qui détient le Roi.

S'il le met, le déclarant pourra s'en emparer avec l'As de Sud. Ainsi donc le pauvre Est doit non seulement laisser la Dame réaliser une levée, mais son Roi ne lui permettra même plus de prendre la main et de remporter une levée. Ce Roi est, en quelque sorte, pris en tenaille entre l'As et la Dame.

Coup de sonde

Examinons cette fois un diagramme où c'est la Dame qui fait défaut.

◇ A V (...) 4

N

S

◇ R (...) 2

Vous devez commencer à connaître la manœuvre : petit vers le Valet de Nord, en espérant la Dame chez Ouest.

Oui, mais le déclarant doit d'abord jouer le Roi ! Pourquoi ? Parce que la Dame peut être mal placée, mais sèche, c'est-à-dire qu'elle n'est pas accompagnée d'une autre carte.

◇ A V (...) 4

N

O E ◇ D

S

◇ R (...) 2

Quand le déclarant jouera son Roi, il verra apparaître la Dame. Le Valet sera devenu maître, et le déclarant n'aura plus besoin de tenter une impasse vouée à l'échec.

Honneurs groupés

Revenons maintenant au cas où il manque l'As. Mais le Roi a cette fois reçu le renfort de sa Dame, dans la même main.

♠ (...) 5 3

N
S

♠ R D (...) 4

Dans ce cas, il est toujours possible d'affranchir un des honneurs. Le déclarant présente par exemple le Roi, pris par l'As. La Dame est affranchie, prête à apporter une levée.

Mais un déclarant avisé a mieux à faire. Il joue petit de la main de Nord. Il espère là encore trouver l'As chez l'adversaire qui jouera en second pour la levée, ici Est.

Si c'est bien le cas, Est peut mettre son As. Le Roi et la Dame sont immédiatement affranchis. La couleur rapportera deux levées d'honneur au lieu d'une.

Est peut bien sûr fournir une petite carte. Le déclarant met alors un des honneurs de Sud, qui remporte la levée. Après avoir rendu la main à Nord, le déclarant joue une deuxième fois une petite carte. Et Est est à nouveau confronté au dilemme : mettre ou ne pas mettre son As. Qu'il le fasse ou non, le déclarant fera une deuxième levée dans la couleur.

Et si l'As est chez Ouest ? Au premier tour, celui-ci s'emparera de l'honneur joué par Nord. La couleur ne procurera qu'une levée au déclarant. En fait, le résultat sera l'équivalent d'un simple affranchissement d'honneur.

Jouez petit vers des honneurs groupés.

Quel sens choisir ?

Etudions maintenant un cas où il manque le Roi, et où le déclarant dispose de la Dame et du Valet dans des mains différentes.

◇ A V 8 7 3

N

S

◇ D 6 4 2

D'après ce que nous avons vu jusqu'à présent, il faudrait jouer petit vers la Dame, honneur inférieur à l'honneur manquant. Mais, en réalité, la Dame et le Valet sont ici deux honneurs équivalents. Le déclarant peut tenter l'impasse au Roi dans les deux sens : en jouant petit vers la Dame, ou petit vers le Valet. Quel sens doit-il choisir ?

Si le déclarant commence par jouer petit vers la Dame, Est pourra réaliser une levée avec son Roi, s'il le possède. Même si l'impasse réussit, la défense remportera une levée dans la couleur.

Le déclarant a intérêt à jouer petit vers le Valet. Grâce à la « tenaille » que le Valet forme avec l'As, le déclarant peut ne perdre aucune levée dans la couleur. Il faut pour cela bien sûr que l'impasse réussisse, c'est-à-dire que le Roi soit chez Ouest. Il faut aussi qu'il soit sec ou second.

Le déclarant joue donc le 2 de Sud. Si le Roi est second, Ouest met une petite carte, le Valet du mort remporte la levée. Ensuite le déclarant joue l'As, qui fait tomber le Roi.

Si le Roi est sec, il tombe tout de suite, le déclarant met l'As du mort. La situation est devenue :

♢ V 8 7 3

N

♢ – O E ♢ 10 9

S

♢ D 6 4

Le déclarant dispose encore de la Dame et du Valet pour s'emparer du 10 et du 9. Il pourra réaliser toutes les levées, sans avoir à en concéder une à Est.

Un honneur en premier

Prenons encore un cas où il manque le Roi, mais où le déclarant dispose dans son camp de plusieurs honneurs inférieurs.

♠ A D 9 4

N

S

♠ V 10 2

Le déclarant joue une petite carte de Sud et met la Dame de Nord. Si le Roi est chez Ouest, la Dame remporte la levée. La situation est devenue :

♠ A 9 4

N

S

♠ V 10

A ce stade, le déclarant peut renouveler l'impasse contre le Roi. Mais la main est chez Nord. Il faut qu'il la rende à Sud, ce qui peut lui poser des problèmes.

Le déclarant peut agir autrement. Revenons à la situation initiale :

♠ A D 9 4

N
S

♠ V 10 2

Au premier tour, le déclarant joue un honneur, le Valet de Sud. Son intention est de fournir le 4 de Nord si Ouest fournit un petit. Si le Valet remporte la levée, la main est restée chez Sud, et le déclarant peut tenter une nouvelle fois l'impasse sans avoir à la lui rendre.

Cette façon de faire l'impasse en partant d'un honneur au lieu d'une petite carte a reçu le nom d'impasse agressive, ou d'impasse forçante. Elle est assez tentante. Attention toutefois, elle peut coûter une levée si le déclarant ne dispose pas des forces nécessaires. Reprenons un de nos exemples précédents.

◇ A V 8 7 3

N
S

◇ D 6 4 2

Le déclarant peut songer à jouer la Dame de Sud. Il doit y renoncer. Nous avons vu que si Ouest a le Roi sec, il faisait toutes les levées en jouant le 2 au premier tour. Ce n'est plus le cas si le déclarant joue la Dame de Sud au premier tour. Ouest met son Roi sec, pris par l'As de Nord. La situation est devenue :

	◇ V 8 7 3	
◇ –	N O E S	◇ 10 9
	◇ 6 4 2	

Est fournira le 9 sur le Valet, et son 10 sera maître.

> **Partez d'un honneur pour pouvoir renouveler une impasse... si vous en avez les moyens.**

Quand il manque deux honneurs

♠ A D 10
N S
♠ 8 3 2

Le Roi et le Valet sont chez les défenseurs, le déclarant disposant dans la même main des deux honneurs inférieurs, la Dame et le 10.

Le déclarant a en quelque sorte deux impasses à tenter, une en jouant petit vers la Dame, et l'autre en jouant petit vers le 10. Par laquelle doit-il commencer?

La réponse n'est pas simple.

Si le Roi et le Valet sont chez Est, les deux impasses vont de toute façon échouer. Peu importe donc que le déclarant commence par l'une ou par l'autre.

Quand les deux honneurs sont partagés entre les deux défenseurs, une des impasses réussira, et l'autre non. Peu importe là aussi par laquelle le déclarant commencera.

Plaçons-nous maintenant dans le cas le plus favorable, celui où le Roi et le Valet sont chez Ouest. Dans ce cas, le déclarant peut espérer réaliser une levée avec sa Dame et une levée avec son 10.

Imaginons cependant qu'il mette la Dame de Nord au premier tour. La situation sera devenue :

♠ A 10

N

♠ R V (...) O E

S

♠ 8 3

Au deuxième tour, Ouest mettra un de ses honneurs, et le déclarant sera obligé de mettre l'As du mort pour remporter la levée. L'autre honneur d'Ouest sera devenu maître, et le 10 ne rapportera pas de levée au déclarant.

En revanche, si le déclarant met le 10 au premier tour, ce 10 fait une première levée. S'il joue ensuite petit de Sud et qu'il mette la Dame, il remporte une deuxième levée. Ouest n'a aucun moyen de s'opposer à ces deux levées.

En définitive, le déclarant doit se fonder sur le seul cas discriminant, celui où les deux honneurs sont bien placés, et commencer par mettre le 10 du mort. Que ce 10 fasse ou non la levée, il jouera ensuite petit vers la Dame.

Envisageons maintenant le cas où il manque deux honneurs consécutifs. A tout seigneur tout honneur, commençons par le cas où il manque l'As et le Roi.

♠ D 6 3 (...)

N

S

♠ 9 4 (...)

La Dame semble encore plus isolée que ne l'était le Roi dans notre premier exemple. Elle peut quand même remporter une levée, à condition que l'As et le Roi soient chez

Ouest, et que le déclarant joue deux fois une petite carte de Sud.

Les perspectives s'améliorent si la Dame reçoit le renfort du Valet.

♠ D V 6 (...)

N
S

♠ 9 4 (...)

Pour que le couple Dame-Valet remporte une levée, il suffit maintenant que l'un des honneurs manquants soit chez Ouest. Au premier tour, Ouest fournira une petite carte, le déclarant mettra le Valet de Nord, qui sera pris par l'As ou le Roi d'Est. Quand Sud présentera une deuxième petite carte, Ouest se retrouvera devant le dilemme habituel : mettre ou ne pas mettre son honneur. Mais quelle que soit la solution qu'il choisisse, la Dame de Nord remportera une levée.

Exercices

1. ♠ R 10 6

N
S

♠ D 7 5

Dans cette position, combien le déclarant peut-il espérer remporter de levées ? Comment doit-il jouer ?

2. ◇ A D V 5 3

N
S

◇ 8 2

Les questions sont les mêmes. Mais elles sont plus difficiles.

Solutions

1. ♠ R 10 6

N
S

♠ D 7 5

Il manque au déclarant le Valet, mais il possède dans son camp l'honneur immédiatement inférieur, le 10. Il peut donc tenter l'impasse au Valet, en jouant un petit de la main de Sud. Mais il a intérêt à jouer d'abord un petit de Nord vers la Dame, au cas où Est aurait l'As sec, le Valet sec ou As-Valet secs.

En effet, Est jouerait selon le cas l'As ou le Valet. S'il joue l'As, le Roi et la Dame sont devenus maîtres, et l'impasse est devenue inutile. Et s'il joue le Valet, l'impasse n'a plus lieu d'être.

2. ◇ A D V 5 3

	N	
	S	

◇ 8 2

Cette couleur peut rapporter un nombre de levées très variable, selon la place du Roi, et la façon dont les six cartes adverses sont distribuées.

Le cas le plus favorable est celui où le Roi est bien placé, en Ouest, et où les Carreaux de la défense sont répartis 3-3.

	◇ A D V 5 3	
	N	
◇ R 9 6	O E	◇ 10 7 4
	S	
	◇ 8 2	

Le déclarant fait deux fois l'impasse en partant de Sud, puis fait tomber le Roi au troisième tour sur l'As, ce qui lui permet de remporter trois levées d'honneur. Il peut ensuite réaliser deux levées de longueur. Au total, la couleur lui procure cinq levées, sans qu'il ait à en concéder une seule à ses adversaires, ni à leur donner la main.

A l'inverse, le Roi peut être en Est et la couleur répartie 5-1.

	◇ A D V 5 3	
	N	
◇ 7	O E	◇ R 10 9 6 4
	S	
	◇ 8 2	

L'impasse échoue, et les levées d'honneur se réduisent à

deux. Aucune levée de longueur ne s'y ajoute. Au total, la couleur ne procure que deux levées.

Entre ces deux extrêmes, cinq et deux levées, tous les cas intermédiaires sont possibles. On arrive par exemple à quatre levées si le Roi est bien placé en Ouest, mais que la couleur est répartie 4-2, ou si le Roi est mal placé en Est et que la couleur est répartie 3-3:

	♢ A D V 5 3			♢ A D V 5 3	
♢ R 6	N O E S	♢ 10 9 7 4	♢ 10 7 6	N O E S	♢ R 9 4
	♢ 8 2			♢ 8 2	

Les jeux d'honneurs de la défense

Nous nous sommes préoccupés longtemps des intérêts du déclarant. Il est temps de nous intéresser maintenant aux défenseurs.

Commençons par le cas d'un défenseur qui doit jouer en troisième pour une levée. Un vieil adage du bridge lui dit qu'il faut « monter » dans cette position.

♠ A 9 4

Mort

♠ D 8 3 O E ♠ 5

Déclarant

♠ 2

Est joue le 5 de Pique, le déclarant fournit le 2. Que doit faire Ouest ?

Il doit d'abord ... bien regarder les cartes du mort, qui va jouer après lui. Il constate ainsi que le mort peut remporter de toute façon la levée grâce à son As. Il ne doit pas pour autant fournir négligemment sa plus petite carte, le 3.

Il laisserait alors le mort réaliser une levée bon marché avec le 9. Ouest doit mettre sa Dame. Il oblige ainsi le déclarant à utiliser l'As du mort s'il veut que son camp remporte la levée.

Ouest espère ainsi contribuer à l'affranchissement d'un ou plusieurs honneurs chez son partenaire. Supposons par exemple que la répartition complète de la couleur soit la suivante :

♠ A 9 4

Mort

♠ D 8 3 O E ♠ R 10 7 6 5

Déclarant

♠ V 2

En mettant la Dame, Ouest affranchit le Roi d'Est.

Quand c'est le déclarant qui doit jouer en quatrième, la nécessité de monter en troisième est moins apparente, mais elle est tout aussi réelle.

	♡ 8 4	
	Mort	
♡ 3	O E	♡ R 9 5
	Déclarant	
	♡ ?	

Ouest joue le 3 de Cœur, le mort fournit le 4. Est ne doit pas hésiter à se séparer de son Roi. La situation complète peut être par exemple :

	♡ 8 4	
	Mort	
♡ D 10 7 6 3	O E	♡ R 9 5
	Déclarant	
	♡ A V 2	

Montez en troisième.

Donnons maintenant à Est le Valet à la place du 9.

	♡ 8 4	
	Mort	
♡ 3	O E	♡ R V 5
	Déclarant	
	♡ ?	

Est doit encore monter. Avec le Roi ou avec le Valet ?

Avec le Roi. Inutile de laisser le déclarant remporter une levée avec la Dame, s'il la possède, et qu'Ouest a l'As :

♡ 8 4

	Mort	
♡ A 10 7 6 3	O — E	♡ R V 5
	Déclarant	

♡ D 9 2

Pas de gaspillage

Bien entendu, Est ne doit pas gaspiller inconsidérément ses honneurs. Plaçons la Dame au mort.

♡ D 8 4

	Mort	
♡ 3	O — E	♡ R V 5
	Déclarant	

♡ ?

Cette fois, Est doit se contenter de mettre le Valet si le déclarant fournit le 4 du mort. Le Valet sera suffisant pour obliger le déclarant à utiliser l'As, s'il l'a et qu'il désire remporter la levée.

Passons de l'autre côté de la table :

◇ A 7 6

	Mort	
◇ D 10 3	O — E	◇ 5
	Déclarant	

◇ 2

Est joue le 5 de Carreau. Le déclarant fournit le 2. Ouest ne doit pas mettre la Dame, mais le 10, qui suffit à obliger le déclarant à utiliser l'As du mort s'il veut que son camp remporte la levée.

Bien entendu, il arrive qu'un défenseur en troisième n'ait pas de carte plus forte que celles fournies par les deux premiers joueurs de la levée. Il fournit alors une petite carte. Il n'a plus à monter pour que l'adversaire jouant en quatrième ait à utiliser une grosse carte pour remporter la levée.

En second

Passons maintenant aux problèmes du défenseur qui joue en second. C'est donc un adversaire qui a joué en premier pour la levée. Commençons par le cas où cet adversaire a mis une petite carte. Un autre adage conseille dans ce cas de jouer aussi une petite carte.

	♠ R (...).	
	Mort	
♠ A (...)	O E	
	Déclarant	
	♠ 2	

Le déclarant a mis le 2. Ouest voit le Roi du mort. Il peut être tenté de mettre l'As, pour remporter la levée.

Il faut savoir résister à certaines tentations. Imaginons que le déclarant ait la Dame dans sa main.

	♠ R 8 4	
	Mort	
♠ A 10 5 3	O E	♠ V 9 6
	Déclarant	
	♠ D 7 2	

Si Ouest met l'As sur le 2, il affranchit le Roi et la Dame du déclarant, qui pourra réaliser deux levées dans la couleur. Alors que si Ouest met petit, le Roi du mort fait la levée, et la situation devient :

♠ 8 4

	Mort	
♠ A 10 5	O E	♠ V 9
	Déclarant	

♠ D 7

Qu'il joue Pique de sa main ou du mort, le déclarant ne peut plus remporter de levée avec la Dame.

Cet exemple illustre un principe essentiel au bridge, que nous avons déjà entrevu : les honneurs ne servent pas qu'à remporter des levées ; ils doivent aussi, chaque fois que possible, capturer des honneurs adverses.

Jouez petit en second.

Ce conseil, pas plus que les autres, ne doit être suivi aveuglément. Imaginons par exemple que, dans la situation que nous venons d'étudier, Ouest dispose de suffisamment de levées pour faire chuter le contrat s'il prend la main. Il doit mettre son As. Sinon, le déclarant risque de gagner son contrat avant qu'Ouest ait de nouveau l'occasion de prendre la main.

Toujours dans le cas d'un défenseur jouant en second, un troisième adage dit qu'il faut mettre honneur sur honneur.

♠ D (...).

	Mort	
	E	♠ R (...)
	Déclarant	

♠ ?

La main est au mort. Le déclarant joue la Dame. Est, qui a le Roi, doit-il le mettre ? Oui, s'il pense que le déclarant est en train d'essayer de lui voler une levée avec par exemple :

♠ D 8 4

Mort

Déclarant

♠ A V 6

Si Est ne met pas le Roi, la Dame remporte la levée. Le déclarant réalisera une deuxième levée en jouant petit vers le Valet, puis une troisième avec l'As.

Si Est met son Roi, le déclarant remporte la levée avec l'As. La situation est devenue :

♠ 8 4

Mort

Déclarant

♠ V 6

Le déclarant ne fera plus qu'une levée dans la couleur, avec son Valet. Il n'en aura réalisé au total que deux au lieu de trois.

Toutefois cet adage, honneur sur honneur, ne doit être suivi qu'avec beaucoup de précautions. Il a en pratique plus d'exceptions que de cas d'application ! Surtout contre un bon déclarant qui sait qu'il ne faut présenter un honneur en premier qu'à condition de disposer d'une force suffisante dans la couleur.

A votre tour d'essayer quelques exercices sur les jeux d'honneurs de la défense.

Commençons par le cas où vous êtes en troisième, le mort jouant en second.

1. ◇ V 7 4

	Mort	
◇ 6	O E	◇ D 10 3
	Déclarant	

Votre partenaire a joué le 6, le déclarant a fourni le 4 du mort. Quelle carte jouez-vous ?

2. ♣ 8 7 2

	Mort	
♣ 5	O E	♣ D V 4
	Déclarant	

Sur le 5 de votre partenaire, le déclarant a mis le 2 du mort. A vous.

3. ♡ V 7 5

	Mort	
♡ 4	O E	♡ R 10 2
	Déclarant	

Début analogue : un petit de votre vis-à-vis, un petit du mort. C'est encore à vous.

Solutions

1. ◇ V 7 4

	Mort	
◇ 6	O E	◇ D 10 3
	Déclarant	

Sur le 6 de votre partenaire, le déclarant a fourni le 4 du mort. Il n'est pas question de mettre le 3, qui permettrait au déclarant de remporter une levée avec le 8 ou le 9. Il faut mettre le 10, pour l'obliger à utiliser le Roi ou l'As s'il veut remporter la levée. Inutile de mettre la Dame, qui aurait le même effet immédiat que le 10, mais qui serait perdue pour la suite de la donne.

2.

	♣ 8 7 2	
	Mort	
♣ 5	O E	♣ D V 4
	Déclarant	

Là aussi, la question n'est pas bien difficile. Sur le 5 et le 2, vous ne devez pas mettre le 4, mais un de vos honneurs. Cet exercice était surtout destiné à vous remémorer une convention dont nous avons déjà parlé : avec deux honneurs équivalents, il faut fournir le plus petit en second, en troisième ou en quatrième. Ici, vous jouez donc le Valet. Votre partenaire en déduira que vous n'avez certainement pas le 10, mais que vous pouvez avoir la Dame.

3.

	♡ V 7 5	
	Mort	
♡ 4	O E	♡ R 10 2
	Déclarant	

Votre vis-à-vis a joué le 4, et le déclarant a fourni le 5 du mort. Faut-il mettre le 10 ou le Roi ?

Vous avez peut-être pensé à mettre le Roi. Le déclarant ne pourra ainsi remporter la levée qu'avec l'As, alors que si vous vous contentez du 10, la Dame lui suffira.

Tout ceci est exact. Mais il vaut mieux garder le Roi, pour couvrir plus tard le Valet du mort. En mettant tout de suite le Roi, vous avez toutes les chances de faire cadeau d'une levée au déclarant.

Tout d'abord, votre partenaire peut avoir la Dame. Le 10 suffit dans ce cas à pousser à l'As. Le Roi et la Dame sont affranchis. Alors que si vous mettez votre Roi, la situation sera :

♡ V 7

Mort

♡ D (...) O E ♡ 10 2

Déclarant

En jouant petit vers le Valet, le déclarant aura réalisé une levée illégitime dans la couleur.

Supposons maintenant que la Dame soit chez le déclarant, accompagnée de l'As :

♡ V 7 5

Mort

♡ 9 8 6 4 O E ♡ R 10 2

Déclarant

♡ A D 3

Si vous mettez le Roi, le déclarant réalise trois levées dans la couleur, avec l'As, puis avec la Dame et le Valet que vous avez affranchis. Si vous mettez le 10, le déclarant fait la levée avec la Dame. La situation est devenue :

♡ V 7

Mort

♡ 9 8 6 O E ♡ R 2

Déclarant

♡ A 3

Le déclarant ne peut plus réaliser qu'une levée avec son As.

Ce que nous avons vu sur cet exemple peut se généraliser. Quand vous êtes en troisième, que le mort a un honneur, et que vous avez un honneur supérieur et un honneur inférieur, il vaut mieux en général jouer l'honneur inférieur.

Autre exemple où ce principe s'applique:

	♡ R 8 4	
	Mort	
♡ 5	O E	♡ A V 3
	Déclarant	

Votre partenaire joue le 5, le déclarant fournit le 4 du mort. Jouez le Valet et non l'As (sauf si vous voulez faire une levée ou prendre la main immédiatement).

Passons maintenant à des exercices où vous jouez en second pour la levée.

1.

	♣ D 6 3	
	Mort	
♣ R 9 5	O E	
	Déclarant	
	♣ 4	

Le déclarant présente le 4. Que faites-vous?

2.

	◇ R 10 4	
	Mort	
◇ D V 5	O E	
	Déclarant	
	◇ 3	

Le déclarant présente le 3. A vous.

3. ♡ A D 10 2

♡ R 7 4 — Mort / O E / Déclarant

♡ V

Cette fois, le déclarant présente un honneur, le Valet. Comment réagissez-vous ?

4. ♠ D V 9 5

Mort / O E / Déclarant — ♠ R 7 6

Le déclarant joue la Dame du mort. A vous.

Solutions

1. ♣ D 6 3

♣ R 9 5 — Mort / O E / Déclarant

♣ 4

Dans ce cas aussi, la tentation est forte de mettre le Roi, pour assurer la levée. Mais mettre ainsi un honneur sur une petite carte coûtera une levée si la situation est par exemple la suivante :

♣ D 6 3

	Mort	
♣ R 9 5	O E	♣ A 10 8 2
	Déclarant	

♣ V 7 4

Si vous mettez votre Roi au premier tour, le déclarant pourra affranchir ensuite un de ses honneurs, la Dame ou le Valet, en faisant sauter l'As de votre partenaire avec l'autre honneur.

En revanche, si vous fournissez un petit, le déclarant mettra la Dame du mort, que votre partenaire prendra de l'As. La situation sera devenue :

♣ 6 3

	Mort	
♣ R 9	O E	♣ 10 8 2
	Déclarant	

♣ V 7

Votre Roi empêche le Valet du déclarant de remporter une levée.

2.

◇ R 10 4

	Mort	
◇ D V 5	O E	
	Déclarant	

◇ 3

Attention, cette fois-ci, c'est mettre un petit qui risque de vous coûter une levée :

◇ R 10 4

Mort

◇ D V 5 O E ◇ 9 8 2

Déclarant

◇ A 7 6 3

Si vous fournissez un petit, le déclarant peut remporter la levée avec le 10 du mort, puis faire toutes les levées dans la couleur. Si vous mettez votre Valet, vous assurez une levée.

3. ♡ A D 10 2

Mort

♡ R 7 4 O E

Déclarant

♡ V

Sur le Valet, mettez le Roi, en appliquant le principe « honneur sur honneur ». Sinon, vous perdrez une levée dans la situation suivante :

♡ A D 10 2

Mort

♡ R 7 4 O E ♡ 9 8 6 3

Déclarant

♡ V 5

Si vous fournissez un petit sur le Valet, le déclarant poursuivra en jouant un petit sur lequel il mettra la Dame du mort. Puis il jouera l'As, sur lequel votre Roi tombera. Le 10 du mort lui apportera alors une quatrième levée dans la couleur.

Si, au contraire, vous mettez votre Roi sur le Valet, le déclarant le prendra de l'As du mort, et la situation sera devenue :

♡ D 10 2

	Mort	
♡ 7 4	O E	♡ 9 8 6
	Déclarant	

♡ 5

Le mort pourra encore remporter deux levées dans la couleur, mais pas trois, le 9 de votre partenaire l'en empêchant.

4. ♠ D V 9 5

	Mort	
	O E	♠ R 7 6
	Déclarant	

Cette fois, la situation est différente. Le mort a deux honneurs, et votre problème est de savoir s'il faut couvrir le premier honneur qui vous est présenté, ou s'il vaut mieux attendre le second. En fait, c'est la deuxième méthode qui est la bonne car elle protège le 10 de votre partenaire, s'il l'a. Si vous couvrez au premier tour, la situation devient :

♠ V 9 5

	Mort	
♠ 10 8	O E	♠ 7 6
	Déclarant	

♠ 4 2

Le déclarant va pouvoir tenter et réussir l'impasse contre le 10 de votre partenaire. Il ne perdra aucune levée dans la couleur.

En revanche, si vous laissez la Dame remporter la première levée, et que le déclarant présente ensuite le Valet, vous couvrez et la situation devient :

♠ 9 5

Mort

♠ 10 O E ♠ 7

Déclarant

♠ 4

Cette fois, le 10 de votre partenaire est maître.

Lorsque le mort détient deux honneurs équivalents, ne couvrez pas le premier.

CHAPITRE 4

LES COMMUNICATIONS

Affranchir des levées, c'est bien. C'est même indispensable, nous l'avons vu. Mais il faut pouvoir ensuite les encaisser.

Au cours d'une donne, onze Carreaux sont déjà tombés. Les deux derniers sont au mort, prêts à rapporter deux levées. Si la main est chez le déclarant, il faudra qu'il la transfère au mort pour réaliser ces deux levées. Il aura besoin pour cela d'une communication, c'est-à-dire d'un moyen de passer la main de chez lui au mort.

De même, pour tenter une impasse, la main doit être du bon côté. Si elle est de l'autre côté, une communication est indispensable. Quand l'impasse doit être répétée, une communication est nécessaire à chaque fois. Les communications sont donc des ressources extrêmement précieuses.

La communication type est formée d'une carte maîtresse du côté vers lequel on veut transférer la main, et d'une petite carte dans l'autre main.

♠ A (...)

N

S

♠ (...) 2

Si la main est en Sud, et que le déclarant veut la transférer à Nord, il lui suffit de jouer le 2 de Pique de sa main et de mettre l'As du mort.

Dans le chapitre 2, nous avons vu qu'il ne fallait pas commencer par tirer ses cartes maîtresses, pour ne pas affranchir des cartes chez les adversaires. Nous voyons maintenant une autre raison : les cartes maîtresses doivent être conservées pour servir de communications. Cette seconde raison vient renforcer la première... qui au demeurant n'en avait nul besoin.

Ne gaspillez pas vos communications.

Les communications cachées

Un honneur n'est pas toujours nécessaire pour communiquer. Une modeste petite carte peut suffire.

◇ R 8 6 4

N

S

◇ A D 5 3

Cette couleur procure trois communications évidentes, deux de Nord vers Sud grâce à l'As et à la Dame, une dans l'autre sens grâce au Roi. Mais, pour peu que les Carreaux adverses soient répartis 3-2, la couleur procurera une levée de longueur, et aussi une communication supplémentaire. En outre, le déclarant pourra choisir le sens de cette communication.

S'il joue de manière « naturelle », il fournira la carte la plus petite d'une main quand l'autre main remporte la levée : par exemple le 4 sur l'As, le 6 sur la Dame et le 3 sur le Roi. Au bout de trois tours, il restera donc :

◇ 8

N

S

◇ 5

Si les adversaires n'ont plus de Carreau, la couleur procure donc encore une communication de Sud vers Nord.

Mais il est très possible qu'au stade où en est la donne une communication dans l'autre sens soit plus utile. Si le déclarant a prévu cette situation, il a gardé précieusement le 4 de Nord, en fournissant le 6 et le 8 sur l'As et la Dame. Au bout de trois tours, la situation est alors :

◇ 4

N

S

◇ 5

Le déclarant dispose cette fois d'une communication de Nord vers Sud, en prenant le 4 du 5 (toujours dans l'hypothèse d'une répartition 3-2 des Carreaux adverses).

Fournir le 8 et le 6 sur l'As et la Dame pour garder le 4 n'a rien de compliqué. Le seul problème est d'y penser à temps. Il faut se demander dans quel sens la communication sera utile avant de jouer les trois honneurs. Or c'est après que la nécessité de la communication se fera sentir.

Dans d'autres cas, c'est un excès d'honneurs qui permet de choisir le sens d'une communication.

♠ A D 5

N

S

♠ R V 3

Les quatre cartes maîtresses de cette couleur ne rapporteront que trois levées. Le déclarant se consolera parfois de ce gaspillage en remarquant qu'il peut exploiter de deux façons les communications de la couleur :

— soit deux communications vers Nord, en prenant le 3 de la Dame et le Valet de l'As, et une vers Sud en prenant le 5 du Roi ;

— soit une communication vers Nord, en prenant le 3 de l'As, et deux vers Sud en prenant le 5 du Valet et la Dame du Roi.

	1	2	3
♠	A	D	5
	↑	↑	↓
♠	V	3	R

	1	2	3
♠	A	D	5
	↑	↓	↓
♠	3	R	V

Là aussi, c'est au déclarant de faire le meilleur usage de sa couleur, en fonction des nécessités de la donne.

Une communication se cache souvent derrière une impasse réussie.

♣ A D 5

N

S

♣ 8 3

Cette couleur procure une communication grâce à l'As. Elle en procure une seconde si le Roi est chez Ouest, le déclarant pouvant tenter et réussir l'impasse. Ainsi, la position favorable du Roi rapporte une levée mais aussi une communication supplémentaires.

Chères communications

Il ne faut pas hésiter parfois à prendre un honneur avec un autre honneur.

♡ D 4

N

S

♡ A R V 10

Le déclarant peut communiquer une fois de Nord vers Sud en jouant le 4 pris par un des honneurs de Sud. Mais il dispose d'une seconde communication, en prenant la Dame de l'As ou du Roi. L'opération ne lui coûte rien, puisqu'il réalisera quand même quatre levées dans la couleur.

Remplaçons le 10 de Sud par le 5.

♡ D 4

N

S

♡ A R V 5

La deuxième communication est toujours disponible, mais elle coûte cette fois une levée. L'importance des communications est telle qu'il arrive que ce sacrifice soit rentable. La levée perdue dans la couleur en rapportera peut-être plusieurs dans une autre.

Créer des communications

Les communications ne sont pas toujours immédiatement disponibles dans une couleur.

♢ R D 7

N

S

♢ 9 8 3

Si l'As est chez Est, il peut s'emparer du Roi de Nord. Mais la couleur procurera ensuite une communication grâce à la Dame.

Si l'As est chez Ouest, il remportera une levée, mais le déclarant disposera de deux communications dans la couleur.

Eviter de se bloquer dans une couleur

Un bon déclarant doit savoir encaisser ses levées dans le bon ordre.

♣ A D 5

N

S

♣ R 2

Le déclarant dispose de trois levées maîtresses à Trèfle. Supposons qu'il veuille les réaliser. Dans quel ordre doit-il le faire?

Admettons qu'il joue d'abord l'As, puis le Roi. Après ces deux tours, le déclarant se retrouvera face à une situation désagréable. Il lui restera la levée de la Dame en Nord, aucun Trèfle en Sud, où sera justement la main. Pour encaisser la Dame, il aura besoin d'une communication de Sud vers Nord. Si cette communication n'existe pas, la levée va s'évaporer. Et même si la communication existe, il faudra la sacrifier, alors qu'elle aurait pu servir à d'autres fins.

On dit que le déclarant s'est bloqué. Ce blocage tient au fait que la main de Sud est plus courte à Trèfle que celle de Nord. Pour l'éviter, il suffit de commencer par l'honneur de la main courte, le Roi. Au tour suivant, l'As de Nord remporte la levée. La main est alors du bon côté pour encaisser la troisième levée.

Jouez d'abord les honneurs de la main courte.

Ce principe est également valable quand le déclarant cherche à affranchir des honneurs.

♡ D 6

N

S

♡ R V 10 3

Le déclarant doit présenter d'abord la Dame de Nord. Des mesures supplémentaires sont parfois nécessaires.

♣ A 7 5 4 2

N

S

♣ R D 8 6

Le déclarant dispose de cinq levées dans la couleur, pour peu que les Trèfles adverses veuillent bien ne pas être répartis 4-0. Il joue d'abord les honneurs de la main courte, le Roi et la Dame, puis le 6 pris de l'As. La situation est devenue :

♣ 7 5

N

S

♣ 8

Le 5 de Nord est pris par le 8 de Sud… et la main est du mauvais côté pour encaisser le dernier Trèfle. Existe-t-il un remède ? Certainement. Il suffit de penser à jouer le 8 et non le 6 au troisième tour. De cette façon, le 7 remportera la levée au quatrième tour.

Là encore, la difficulté est de penser à jouer le 8 au troisième tour, alors que le problème n'apparaîtra qu'au quatrième.

Diagnostiquer à temps les blocages

L'absence d'une petite carte à côté d'un ou plusieurs honneurs crée une situation de blocage.

♡ R D

N

S

♡ A 8 5

Le déclarant dispose de trois cartes maîtresses à Cœur. Mais quand il aura joué le Roi et la Dame, la main sera au mort. Il aura besoin d'une communication vers Sud pour encaisser l'As.

Il n'y a pas de remède interne à la couleur. La communication doit s'effectuer ici au moyen d'une autre couleur. Le déclarant doit prendre conscience du problème dès le début de la donne. Il doit prévoir d'encaisser le Roi et la Dame de Cœur avant que toute communication vers Sud ait disparu.

Parfois, le blocage est partiel.

♠ R V

N

S

♠ A D 6 3

Le déblocage est possible en jouant le Roi, puis en prenant le Valet de la Dame. Mais cette manœuvre limite à trois le nombre des levées procurées par la couleur. Il vaudra mieux, le plus souvent, penser à jouer à temps le Roi et le Valet.

Le laisser-passer

Considérons maintenant une couleur où le déclarant est mal armé.

♢ 8 3

N

S

♢ A 6 5

Un des défenseurs joue Carreau. Le déclarant peut remporter la levée avec l'As. Mais rien dans les règles du bridge ne l'y oblige. Il a parfaitement le droit d'attendre le deuxième tour de la couleur, et même le troisième. Quel avantage peut-il en tirer?

Les adversaires possèdent huit Carreaux. Supposons que l'un d'eux en ait cinq et l'autre trois, partage d'ailleurs plus fréquent que la répartition symétrique 4-4. Si le déclarant attend le troisième tour pour mettre l'As, l'adversaire qui avait trois Carreaux les aura fournis tous les trois, et donc n'en aura plus. Si cet adversaire prend ensuite la main, il ne pourra rejouer Carreau pour transférer la main à son partenaire et lui permettre d'encaisser ses levées de longueur dans la couleur. Et, en l'absence de communication dans une autre couleur, ses levées seront perdues pour la défense.

Au contraire, si le déclarant avait mis l'As au premier ou au deuxième tour, la communication aurait été maintenue à Carreau entre les défenseurs.

Nous avons supposé que les Carreaux de la défense étaient répartis 5-3. Dans le cas d'une répartition 4-4, attendre le troisième tour pour mettre l'As ne sert à rien, puisque les deux joueurs ont encore chacun un Carreau. Mais cela ne coûte rien non plus.

La manœuvre du déclarant s'appelle un *laisser-passer. Elle consiste à laisser le camp adverse remporter une levée dans une couleur que l'un des deux joueurs de ce camp a jouée, alors que son propre camp aurait pu la réaliser.*

Ce laisser-passer a pour but de gêner, et souvent même de couper les communications adverses dans la couleur où il est effectué.

Le laisser-passer est d'un usage constant. Le déclarant l'utilise en particulier sur l'entame. Mais cette manœuvre est aussi à la disposition de la défense, qui l'emploie très fréquemment.

♠ 8 5
♡ V 5 3
♢ D V 10 6 4 3
♣ 10 6

Mort E

♠ R 7 4
♡ D 7 6 2
♢ A 8 5
♣ V 8 3

Ouest entame du 3 de Pique. Le déclarant fournit le 5 du mort, Est met son Roi, que le déclarant prend de l'As. Il rejoue le Roi de Carreau, sur lequel Ouest fournit le 7 et le mort le 3. A Est de jouer.

Est ne doit pas mettre son As. Il peut voir aisément que le mort n'aura pas la possibilité de reprendre la main dans une autre couleur que Carreau. Est ne devra mettre son As que lorsqu'il sera sûr que le déclarant n'a plus de Carreau. Les communications seront définitivement coupées entre les adversaires. Les cartes maîtresses du mort seront perdues pour eux.

Bien sûr, si le Roi de Carreau était sec, il n'y avait aucune raison de laisser le déclarant remporter une levée dans la couleur. Mais il aurait été très risqué de parier sur cette éventualité.

Pensez au laisser-passer, quand vous voulez couper les communications adverses dans une couleur.

♣ R 9 6 3 2

N
S

♣ A 8 5

Le déclarant possède huit Trèfles dans son camp. Il veut y affranchir des levées de longueur. La manière naturelle de procéder est de jouer l'As, puis le Roi, puis petit des deux mains.

Supposons que les cinq Trèfles de la défense soient répartis 3-2. Au bout de trois tours, deux Trèfles de Nord seront affranchis. Mais si Sud reprend la main, et que le déclarant ne dispose d'aucune communication vers Nord, les deux Trèfles affranchis seront perdus.

Tous les bridgeurs ont vécu un jour ou l'autre cette aventure désagréable. Il existe pourtant un moyen de l'éviter.

Pour affranchir ses Trèfles, le déclarant a de toute façon besoin de concéder une levée. Il n'est nullement obligé d'attendre le troisième tour pour cela. Après l'As, il peut jouer petit des deux mains, abandonnant la levée aux adversaires. S'ils fournissent tous les deux, la couleur est affranchie. Et, cette fois, Sud détient encore un petit Trèfle. Quand il reprendra la main, le déclarant pourra le jouer et remporter la levée avec le Roi de Nord. La main sera du bon côté pour encaisser les deux Trèfles affranchis.

La manœuvre que nous venons de décrire s'appelle un *coup à blanc*. Elle consiste, pour un camp qui a la main, à jouer une couleur et à laisser les adversaires remporter la levée, alors que le camp possède une ou plusieurs cartes maîtresses dans la couleur. L'objectif est de préserver une communication interne dans une couleur, pour y encaisser plus tard des cartes affranchies.

Le coup à blanc a une parenté certaine avec le laisser-passer. Dans les deux cas, un camp concède une levée qu'il pourrait remporter, pour des raisons de communication. Mais, dans le coup à blanc, c'est le camp qui joue en premier pour la levée ; dans le laisser-passer, c'est le camp adverse. Les deux manœuvres diffèrent aussi dans leurs objectifs : le coup à blanc est destiné à préserver ses communications, le laisser-passer à gêner les communications adverses.

Ajoutons qu'en pratique le laisser-passer est très fréquent, alors que le coup à blanc est relativement rare.

Donne 7

♠ A D V
♡ R V
♢ 8 7 3
♣ 10 9 6 4 2

Mort
Déclarant

♠ R 10 4 2
♡ A D 6 2
♢ A 4
♣ V 8 5

Avec 25 points d'honneurs à sa disposition, le déclarant joue 3 SA. Ouest entame de la Dame de Carreau.

Le déclarant compte quatre levées de tête à Pique, autant à Cœur, et une à Carreau. Soit un total de neuf, suffisant pour son contrat. Aucune levée à affranchir, tout semble simple.

Le déclarant doit pourtant remarquer tout de suite qu'il va devoir affronter des problèmes de communication. En effet, à Pique les honneurs du mort ne sont accompagnés d'aucune petite carte. Il en est de même des honneurs à Cœur.

Il existe pourtant une différence entre les deux couleurs. A Cœur, le déclarant dispose des quatre cartes de plus haut rang pour quatre levées, alors qu'à Pique il dispose des cinq cartes de plus haut rang pour quatre levées. Dans ce dernier cas, comme nous l'avons vu, il est possible de prendre un honneur avec un autre honneur sans perdre de levée. Une communication par les Piques est donc envisageable.

Le déclarant en conclut qu'il doit d'abord débloquer les Cœurs. Concrètement, il prend la Dame de Carreau de l'As, puis joue immédiatement petit Cœur, pris du Roi. Il encaisse ensuite le Valet de Cœur du mort, puis l'As et la Dame de Pique. Il joue enfin le Valet de Pique, qu'il prend de son Roi. Il réalise alors une levée avec le 10 de Pique.

C'est sa neuvième levée. Son contrat est gagné. Il abandonne les levées restantes à ses adversaires.

Si le déclarant avait d'abord encaissé les Piques, il n'aurait pu réaliser quatre levées de Cœur, et il aurait malencontreusement chuté.

Voici la donne complète que vous pouvez rejouer entièrement :

	♠ A D V ♡ R V ◇ 8 7 3 ♣ 10 9 6 4 2	
♠ 9 3 ♡ 10 8 5 ◇ D V 10 6 5 ♣ A D 7	Mort O E Déclarant	♠ 8 7 6 5 ♡ 9 7 4 3 ◇ R 9 2 ♣ R 3
	♠ R 10 4 2 ♡ A D 6 2 ◇ A 4 ♣ V 8 5	

Donne 8

♠ R D 7
♡ 8 5
◇ 8 6 5 3
♣ D 7 5 2

Mort
Déclarant

♠ A V 8 2
♡ R 9
◇ A D V 10
♣ R V 6

Le contrat est une fois de plus 3 SA. L'entame est encore une Dame, mais cette fois c'est la Dame de Cœur.

Le déclarant compte ses levées de tête : quatre à Pique, une à Carreau. En outre, l'entame Cœur lui assure qu'il réalisera une levée avec son Roi. Il arrive ainsi à un total de six. Il a besoin de trois autres levées.

Il peut songer à les trouver à Trèfle. Mais son seul arrêt à Cœur a sauté à l'entame. S'il joue Trèfle, les adversaires réaliseront l'As, puis au moins quatre Cœurs, et le contrat chutera.

Le déclarant doit donc exploiter les Carreaux, en tentant l'impasse au Roi. Ce qui nécessite qu'il donne la main à Nord. Il dispose pour cela de deux communications à Pique, qui lui permettront si besoin est de répéter l'impasse.

Après avoir fait la levée du Roi de Cœur, le déclarant joue petit Pique pris du Roi. Il continue du 3 de Carreau, et il met la Dame. Ouf ! Ouest fournit un petit.

Le déclarant répète alors l'opération : petit Pique pour la Dame, petit Carreau pour le Valet, qui remporte la levée, Ouest fournissant.

Les adversaires avaient au départ cinq Carreaux. Ils ont fourni chacun deux fois. Il ne leur reste plus qu'un carreau, le Roi, qui est maintenant sec.

Le déclarant joue l'As de Carreau, et il voit effectivement tomber le Roi d'Est. Il ne lui reste plus qu'à encaisser son 10 de Carreau, puis l'As et le Valet de Pique, pour arriver au total de neuf levées. Il joue ensuite Trèfle, mais les adversaires se précipitent sur l'As et encaissent trois Cœurs. 3 SA juste fait.

Exemple de main complète :

	Mort	
	♠ R D 7 ♡ 8 5 ◇ 8 6 5 3 ♣ D 7 5 2	
♠ 10 6 5 3 ♡ A D V 6 2 ◇ 9 4 ♣ 10 4	O — E	♠ 9 4 ♡ 10 7 4 3 ◇ R 7 2 ♣ A 9 8 3
	Déclarant ♠ A V 8 2 ♡ R 9 ◇ A D V 10 ♣ R V 6	

CHAPITRE 5

LE MINI-BRIDGE À L'ATOUT

Jusqu'à présent, vous avez pratiqué le mini-bridge à sans-atout. Comme nous vous l'avons dit, le mini-bridge, comme le bridge lui-même, se joue aussi « avec atout ». C'est le moment de voir comment.

Troisième marche: le jeu à l'atout

L'atout est une couleur qui se voit conférer, le temps d'une donne, un avantage considérable sur ses semblables. Nous verrons un peu plus loin comment cette couleur est choisie. Examinons d'abord le privilège qui lui est accordé.

A sans-atout, quand un joueur n'est pas en mesure de fournir dans la couleur demandée par le premier joueur d'une levée, sa seule ressource est de défausser une carte d'une couleur différente. Il ne peut plus prétendre remporter la levée.

L'existence d'un atout va donner une nouvelle possibilité. Supposons que l'atout soit Pique, et que le premier joueur d'une levée présente un Cœur. Si un des trois autres joueurs ne possède pas de Cœur, il peut défausser un Carreau ou un Trèfle. Mais s'il a un atout, il peut le jouer: on dit alors qu'il **coupe**.

Si un seul joueur coupe au cours d'une levée, il la remporte automatiquement — quelles que soient la hauteur de son atout et celle des autres cartes de la levée. Le 2 d'atout prend le pas, sans vergogne, sur l'As des autres couleurs.

Rien n'empêche que deux joueurs, ou plus rarement trois, coupent au cours de la même levée. C'est alors celui qui a mis l'atout le plus fort qui l'emporte. En général, le scénario est le suivant: le deuxième ou le troisième joueur de la levée coupe, l'adversaire qui joue après lui coupe avec un atout de rang plus élevé: on dit alors qu'il **surcoupe.**

Insistons bien pour terminer: au bridge, la seule obligation est de fournir. Un joueur n'est jamais obligé de couper, ni de surcouper. A l'inverse, il est bien entendu interdit de couper lorsqu'on peut fournir!

Avec l'introduction de l'atout, le mini-bridge a rejoint le bridge proprement dit en ce qui concerne les règles du jeu de la carte.

La détermination de l'atout

Une couleur est prise comme atout pour une donne si le camp majoritaire en points d'honneurs, celui qui jouera le contrat, possède suffisamment de cartes de cette couleur. L'adverbe « suffisamment » signifie précisément ceci:

— pour prendre Cœur ou Pique comme atout, les deux joueurs du camp doivent avoir, à eux deux, au moins huit Cœurs ou huit Piques;

— pour prendre Trèfle ou Carreau comme atout, les deux joueurs doivent avoir, toujours à eux deux, au moins neuf Carreaux ou neuf Trèfles; en outre, il ne faut pas qu'ils puissent prendre Cœur ou Pique comme atout.

Deux siècles après la Révolution, l'égalité ne règne donc pas entre les couleurs. Il suffit de huit atouts pour jouer à Cœur ou à Pique, alors qu'il en faut neuf à Trèfle ou à Carreau. En outre Cœur et Pique disposent d'une priorité. Ainsi, les contrats se joueront beaucoup plus souvent dans une de ces couleurs qu'à Carreau ou à Trèfle. Il en est de même, vous le verrez, au bridge proprement dit, où les Piques et les Cœurs sont des couleurs **majeures**, et les Carreaux et les Trèfles des couleurs **mineures.**

Il est possible que le camp majoritaire ne détienne suffisamment d'atouts dans aucune couleur. La donne se joue alors à sans-atout. Le jeu à Sans-Atout n'a donc pas disparu.

Avec 8 Cœurs ou 8 Piques: atout Cœur ou Pique ; sinon, avec 9 Trèfles ou 9 Carreaux: atout Trèfle ou Carreau ; sinon, Sans-Atout.

Les points de distribution

Quand la donne se déroule à l'atout, le fait pour un joueur d'avoir une couleur courte constitue un avantage.

Prenons d'abord le cas d'une **chicane,** c'est-à-dire celui où un joueur ne possède aucune carte dans une couleur. Si bien sûr cette couleur n'est pas l'atout, le joueur sera en mesure de couper dès le premier tour. Il y a de bonnes chances que cette possibilité lui procure une ou plusieurs levées. C'est pourquoi on attribue 3 points pour la possession d'une chicane. Ces points sont appelés **points de distribution** pour les distinguer des points d'honneurs.

Dans le cas d'un **singleton**, c'est-à-dire quand un joueur détient une seule carte dans une couleur, l'avantage existe, mais il est un peu moindre. On compte 2 points de distribution.

Enfin dans le cas d'un **doubleton**, deux cartes dans une couleur, la possibilité de coupe existe, mais sa concrétisation est incertaine. On compte un seul point de distribution.

Quand un camp joue avec huit atouts, les adversaires en ont cinq. La différence est de trois. Quand un camp joue avec neuf atouts, les adversaires n'en ont plus que quatre, et la différence est de cinq au lieu de trois. Compte tenu du privilège de l'atout, il s'agit d'un avantage supplémentaire notable. C'est pourquoi on attribue un point de distribution par atout à partir du neuvième.

pour une chicane: (aucune carte dans une couleur)	3 points de distribution
pour un singleton: (une seule carte dans une couleur)	2 points de distribution
pour un doubleton: (deux cartes dans une couleur)	1 point de distribution
par atout à partir du 9e:	1 point de distribution

Les points de distribution s'ajoutent aux points d'honneurs pour former les **points DH.** Le palier d'un contrat à l'atout sera déterminé en fonction du nombre de points DH du camp, selon la table de décision que vous appliquez déjà. Cette table est donc la même à sans-atout et à l'atout, mais elle s'applique aux points DH pour un contrat à l'atout, aux points d'honneurs pour un contrat à sans-atout.

La détermination du contrat

C'est le camp majoritaire en points d'honneurs qui joue le contrat. Pour savoir si la donne se jouera à l'atout, un des joueurs de ce camp indique à son partenaire sa distribution: son nombre de Piques, de Cœurs, de Carreaux et de Trèfles. Voyons comment les choses se déroulent.

La procédure de détermination du contrat commence comme à sans-atout par une ouverture. Un joueur ouvre donc. Si son partenaire a au moins 7 points, il sait que, avec les 13 points promis par l'ouvreur, son camp est majoritaire. Il indique alors à l'ouvreur sa distribution et son nombre de points d'honneurs sur un petit papier présenté ainsi:

... Piques
... Cœurs
... Carreaux
... Trèfles
... points d'honneurs

L'ouvreur dispose alors de tous les éléments pour déterminer le contrat final.

Si le partenaire de l'ouvreur a moins de 7 points, il annonce son nombre de points d'honneurs :

« J'ai ... points d'honneurs ».

L'ouvreur fait le total des points d'honneurs de son camp. Si ce total est au moins de 20, il le dit :

« Nous sommes majoritaires. »

Son partenaire remplit son petit papier comme tout à l'heure. Il rappelle même son nombre de points d'honneurs, pour faciliter les calculs de l'ouvreur. Celui-ci détermine le contrat.

Toujours dans le cas où son partenaire a annoncé son nombre de points (inférieur à 7), l'ouvreur peut constater que son camp détient moins de 20 points d'honneurs. C'est dans ce cas l'autre camp qui est majoritaire. L'ouvreur dit alors :

« Je passe ».

Le joueur situé à sa droite remplit à son tour un petit papier, toujours sur le même modèle, et le tend à son partenaire. Celui-ci n'a plus qu'à déterminer le contrat.

Quand le contrat se joue à l'atout, le joueur qui détermine et annonce le contrat ne le joue pas toujours. S'il détient moins d'atouts que son partenaire, c'est le partenaire en question qui sera déclarant. L'annonce du contrat commence donc par :

« Je joue » ou « Tu joues »

suivi du contrat lui-même. Un contrat s'annonce sous la forme d'un nombre indiquant son palier, suivi de la couleur de l'atout si atout il y a, ou de sans-atout. Par exemple : deux Cœurs, trois Carreaux, six Sans-Atout.

Regardons tout ceci sur deux exemples.

Donne 9

	♠ 10 8 5 ♡ 7 6 4 ◇ R 8 6 4 2 ♣ A 7	
♠ R 9 4 3 ♡ A D 5 2 ◇ D 7 5 ♣ R 4	N O E S	♠ A V 7 2 ♡ R V 10 8 ◇ 9 ♣ D 10 9 6
	♠ D 6 ♡ 9 3 ◇ A V 10 3 ♣ V 8 5 3 2	

Sud est donneur.

Sud: « Je passe » (il n'a que 8 points d'honneurs)

Ouest: « J'ouvre » (il a, lui, 14 points d'honneurs)

Est a plus de 6 points et sait donc que son camp est majoritaire. Il inscrit alors sur un papier sa distribution et son nombre de points d'honneurs:

4 Piques
4 Cœurs
1 Carreau
4 Trèfles
11 points d'honneurs

Ouest remarque alors que son camp possède huit cartes à Pique, mais aussi huit cartes à Cœur. Deux couleurs peuvent donc être prises comme atout. La règle n'impose pas le choix entre les deux. Ouest est libre de retenir celui qui lui paraît le meilleur pour son camp. Pour la première fois, vous voyez les règles du mini-bridge laisser une certaine latitude en matière de détermination du contrat.

Ouest compte d'abord le nombre de points DH de son camp si l'atout est Pique.

Chez son partenaire:

11 points d'honneurs

2 points de distribution pour le singleton Carreau,

soit 13 DH au total.

Chez lui:

14 points d'honneurs

1 point de distribution pour le doubleton Trèfle, soit 15 DH.

Il n'y a que huit atouts, donc pas de point supplémentaire pour la couleur d'atout.

Ouest calcule que son camp détient 13 + 15 = 28 DH si l'atout est Pique, ce qui d'après la table correspond à un contrat au palier de quatre.

A Cœur, le compte des points DH est le même.

Ouest doit donc choisir entre l'atout Cœur et l'atout Pique. Qu'est-ce qui doit faire pencher la balance ? Ouest préfère la couleur où son camp est le mieux armé. Or il ne sait rien sur la hauteur des cartes détenues par son partenaire à Cœur et à Pique. Il ne peut se fonder que sur sa propre main. Il possède deux honneurs à Cœur, l'As et la Dame, et seulement un honneur à Pique, le Roi. Ouest choisit donc le contrat à Cœur. Comme il détient autant d'atouts que son partenaire, c'est lui qui sera le déclarant. Il annonce donc:

« Je joue 4 ♡ ».

Dans la suite du livre, nous représentons les contrats en abrégé, en écrivant un chiffre pour leur palier, puis SA pour Sans-Atout, ♠ pour Pique, ♡ pour Cœur, ◇ pour Carreau, ♣ pour Trèfle. Chaque couleur est représentée par sa vignette.

Voici un deuxième exemple. A titre d'exercice, établissez vous-même comment se déroule la détermination du contrat avant de lire les commentaires.

Le donneur est Ouest.

Donne 10

	♠ R D V 10 8 2 ♡ 7 ♢ V 4 ♣ A R 8 4	
♠ A 5 3 ♡ A 10 9 3 ♢ R 5 ♣ V 9 7 5	N O E S	♠ 6 ♡ R 8 6 4 2 ♢ 9 8 6 3 2 ♣ 10 2
	♠ 9 7 4 ♡ D V 5 ♢ A D 10 7 ♣ D 6 3	

Ouest : « J'ouvre »

Est a moins de 7 points d'honneurs, il n'en a que 3. Il le dit à son partenaire.

Est : « J'ai 3 points d'honneurs »

Ouest : « Je passe » (son camp n'a au total que 16 points)

C'est Sud, placé à droite de l'ouvreur, qui inscrit alors sur un papier les renseignements nécessaires à son partenaire :

3 Piques
3 Cœurs
4 Carreaux
3 Trèfles
11 points d'honneurs

Nord constate que son camp possède neuf cartes à Pique, et seulement quatre cartes à Cœur. La donne se déroulera avec Pique comme atout. Il ne reste plus qu'à déterminer le palier. Nord calcule pour cela le nombre de points DH de son camp.

Son partenaire détient 11 points d'honneurs, et aucun point de distribution, ce qui fait 11 DH.

Chez lui :

14 points d'honneurs

2 points de distribution pour le singleton Cœur

1 point de distribution pour le doubleton Carreau

soit 17 DH au total.

Son camp détient neuf Piques, ce qui fait 1 point de distribution supplémentaire pour la couleur d'atout.

Ouest compte que son camp dispose de 11 + 17 + 1 = 29 DH si l'atout est Pique. Il demande donc le contrat de 4 ♠, qu'il jouera lui-même.

A trois

Si vous n'êtes que trois, vous pouvez bien sûr jouer au mini-bridge à l'atout. La procédure de détermination du contrat s'adapte très facilement.

Le partenaire de l'ouvreur annonce tout de suite son nombre de points. Si l'ouvreur constate que son camp est majoritaire en points d'honneurs, il le dit. Son partenaire lui donne alors son petit papier. L'ouvreur annonce le contrat. C'est toujours lui qui le jouera, même si sa main comporte moins d'atouts que celle de son vis-à-vis. Quant à celui-ci, il va comme à sans-atout occuper la place vide.

Si l'ouvreur constate que son camp est minoritaire, il ne peut plus déterminer immédiatement le contrat adverse. Il se déplace alors vers la place libre, regarde le jeu qui s'y trouve. Il remplit un petit papier, qu'il donne au joueur assis en face de lui. Celui-ci annonce le contrat. Là encore, c'est toujours ce joueur qui le jouera, l'ouvreur retournant à sa place initiale.

A la fin de la donne, comme à sans-atout, et pour les mêmes raisons, le joueur qui avait le mort à sa gauche se déplace vers la place vide.

La marque obéit aux même principes qu'à sans-atout. Mais les points de manche attribués aux levées sont différents :

— à Pique et à Cœur, chaque levée au-dessus de six vaut 30 points ;

— à Carreau et à Trèfle, chaque levée au-dessus de six vaut 20 points.

La valeur des levées n'étant plus la même, le palier à partir duquel un contrat est un contrat de manche change lui-aussi :

— à Cœur et à Pique, le palier de la manche est de quatre (4 x 30 = 120) ; les contrats de 1 ♡ à 3 ♡ et de 1 ♠ à 3 ♠ sont des contrats partiels ;

— à Trèfle et à Carreau, ce palier est de cinq (5 x 20 = 100) ; Les contrats de 1 ◇ à 4 ◇ et de 1 ♣ à 4 ♣ sont des contrats partiels.

A Sans-Atout, le palier de trois suffisait, nous l'avons vu, pour la manche. C'est justement dans ce but que 40 points ont été attribués à la première levée, ce qui vous avait peut-être surpris.

Vous pouvez jouer au mini-bridge à l'atout avec cette marque. Mais nous vous conseillons plutôt de profiter de cette troisième marche pour vous rapprocher de la marque du bridge proprement dit.

Comme vous avez commencé à vous en apercevoir, la marque du bridge est compliquée. Les choses vont encore s'aggraver. Peut-être finirez-vous par penser que les inventeurs de la marque avaient l'esprit un peu tordu.

Il n'en est rien. Au contraire, quand vous aurez une certaine pratique du bridge, vous vous rendrez compte que la marque a été conçue d'une manière particulièrement astucieuse. Elle mérite bien l'effort d'assimilation qu'elle demande.

Ne vous obligez pas cependant à retenir tous les chiffres que vous allez voir maintenant défiler. La plupart des bridgeurs, même parmi ceux qui jouent depuis des années, ne les connaissent pas tous. D'ailleurs ces chiffres figurent sur de petites cartes qui accompagnent les jeux.

La vulnérabilité

Première notion nouvelle, la **vulnérabilité**. En effet, pour une donne, chaque camp est vulnérable ou non vulnérable. Quand le camp n'est pas vulnérable, la manche vaut, comme nous l'avons vu jusqu'à présent, 300 points ; quand il est vulnérable, elle vaut davantage, 500 points.

En contrepartie, les pénalités en cas de chute sont aggravées. Quand le camp qui chute n'est pas vulnérable, chaque levée de chute rapporte 50 points à ses adversaires. Quand il est vulnérable, elle rapporte le double, 100 points. C'est en ce sens qu'un camp est « vulnérable ».

La vulnérabilité ne modifie pas la valeur des levées, donc elle ne change pas non plus les paliers de manche. La prime de contrat partiel reste aussi inchangée.

Quatre situations de vulnérabilité relative sont possibles : les deux camps non vulnérables, un camp seul vulnérable, l'autre camp seul vulnérable, les deux camps vulnérables. Au cours d'une suite de donnes, l'alternance entre ces situations doit être respectée.

Une façon simple d'assurer cette alternance est la suivante. A la première donne, aucun camp n'est vulnérable. A la deuxième et à la troisième donnes, le camp du donneur est seul vulnérable (il change entre les deux donnes). Enfin, à la quatrième donne, les deux camps sont vulnérables. Ensuite le processus recommence.

Pour le camp du donneur de la première donne	
Eux	**Nous**
–	
	–
–	–
–	
	–
–	–

Pour l'autre camp	
Eux	**Nous**
	–
–	
–	–
	–
–	
–	–

Les petits tirets servent à indiquer les vulnérabilités.

Les chelems

Deuxième notion nouvelle, les **chelems**. Quand le contrat exige de remporter toutes les levées, c'est le grand chelem, dont la célébrité a dépassé les limites du bridge. Quand le contrat exige de remporter toutes les levées sauf une, c'est le petit chelem.

Les grands chelems sont donc les contrats au palier de sept (6 + 7 = 13), les petits chelems les contrats au palier de six. Ces contrats procurent, quand ils sont réussis, la prime de manche et une prime supplémentaire.

Pour les petits chelems, cette prime est de 500 points si le camp n'est pas vulnérable, 750 points s'il est vulnérable.

Pour les grands chelems, la prime supplémentaire est deux fois plus forte : 1000 points pour un camp non vulnérable, 1500 points pour un camp vulnérable.

Nous n'avons pas fait de distinction entre les couleurs, pour les paliers de chelem : pour une fois, l'égalité règne entre elles.

Nous pouvons résumer les primes attribuées aux différents contrats dans un tableau.

<table>
<tr><th rowspan="2"></th><th rowspan="2">Contrats à Carreau ou Trèfle</th><th rowspan="2">Contrats à Pique ou Cœur</th><th rowspan="2">Contrats à Sans-Atout</th><th colspan="2">Primes totales</th></tr>
<tr><th>camp non vulnérable</th><th>camp vulnérable</th></tr>
<tr><td rowspan="4">Contrats partiels</td><td>1♣ – 1♢</td><td>1♡ – 1♠</td><td>1 SA</td><td rowspan="2" colspan="2">50</td></tr>
<tr><td>2♣ – 2♢</td><td>2♡ – 2♠</td><td>2 SA</td></tr>
<tr><td>3♣ – 3♢</td><td>3♡ – 3♠</td><td>3 SA</td><td rowspan="3">300</td><td rowspan="3">500</td></tr>
<tr><td>4♣ – 4♢</td><td>4♡ – 4♠</td><td>4 SA</td></tr>
<tr><td>Manches</td><td>5♣ – 5♢</td><td>5♡ – 5♠</td><td>5 SA</td></tr>
<tr><td>Petits chelems</td><td>6♣ – 6♢</td><td>6♡ – 6♠</td><td>6 SA</td><td>800</td><td>1250</td></tr>
<tr><td>Grands chelems</td><td>7♣ – 7♢</td><td>7♡ – 7♠</td><td>7 SA</td><td>1300</td><td>2000</td></tr>
</table>

Levée de chute:
50 points quand le camp qui chute n'est pas vulnérable,
100 points quand le camp qui chute est vulnérable.

Nous n'avons pas encore tout à fait terminé en ce qui concerne la marque du bridge. Mais, rassurez-vous, nous avons parcouru l'essentiel du chemin.

A vous maintenant! Voici huit donnes pour lesquelles vous devez déterminer les points acquis par l'un ou l'autre camp. Les vulnérabilités suivent l'alternance indiquée plus haut.

Donne 1
Personne n'est vulnérable
Vos adversaires demandent 4 ♠ et réalisent 10 levées.

Donne 2
Le camp adverse est seul vulnérable
Vous demandez 3 ♡, vous réalisez 8 levées.

Donne 3
Votre camp est seul vulnérable
Vous demandez 1 SA, vous faites 8 levées.

Donne 4
Les deux camps sont vulnérables
Vos adversaires demandent 3 SA, ils réalisent 7 levées.

Donne 5
Personne n'est vulnérable
Vos adversaires jouent 2 ◇, ils réalisent 8 levées.

Donne 6
Le camp adverse est seul vulnérable
Vous demandez 4 ♡, vous réalisez 11 levées.

Donne 7
Votre camp est seul vulnérable.
Vous demandez 6 ♣, vous totalisez 12 levées.

Donne 8
Les deux camps sont vulnérables
Vos adversaires demandent 5 ◇, et font 11 levées.

Solutions

Eux	Nous	
420		4 x 30 (levées) + 300 (manche non vulnérable)
50 –		Une levée de chute non vulnérable
	– 120	40 (levée) + 50 (contrat partiel) + 30 (levée de mieux)
–	– 200	Deux levées de chute vulnérables
90		2 x 20 (levées) + 50 (contrat partiel)
–	450	4 x 30 (levées) + 300 (manche non vulnérable)+ 30 (levée de mieux)
	– 1370	6 x 20 (levées) + 1250 (manche et petit chelem vulnérables)
600 –	–	5 x 20 (levées) + 500 (manche vulnérable)
1160	2140	

C'est vous qui l'emportez, sur ces huit donnes, grâce surtout au chelem de la septième donne. Les chelems ne sont pas très fréquents, mais compte tenu des fortes primes qu'ils procurent, ils jouent souvent un grand rôle dans le bilan d'une partie.

Plus de papier

L'utilisation d'un papier était destinée à vous faciliter la détermination du contrat. Quand vous aurez acquis un peu d'habitude, vous pourrez revenir à une procédure orale. Au bridge proprement dit, le petit papier n'existe pas.

Au moment où un joueur transmettait un papier à son partenaire, au lieu de le faire, il lui indique d'abord de vive voix son nombre de Cœurs et de Piques :

« J'ai ... Cœurs et ... Piques. »

Deux cas peuvent alors se présenter.

1. Le partenaire découvre qu'une de ses deux couleurs peut être prise comme atout. Il le dit :

« Nous jouerons à Cœur » ou « Nous jouerons à Pique ».

Son partenaire lui donne alors son nombre de points DH avec cet atout, et le contrat final est annoncé.

2. Le camp ne possède ni huit Cœurs, ni huit Piques. Le joueur le dit :

« Nous ne jouerons ni à Cœur ni à Pique ».

Son partenaire lui annonce alors son nombre de Trèfles et de Carreaux :

« J'ai ... Trèfles et ... Carreaux ».

A nouveau, deux cas peuvent se présenter.

1. Le partenaire découvre qu'une de ses deux couleurs peut être prise comme atout. Il le dit :

« Nous jouerons à Trèfle » ou « Nous jouerons à Carreau ».

Son partenaire lui donne alors son nombre de points DH avec cet atout, et le contrat final est annoncé.

2. Le camp ne possède ni neuf Trèfles, ni neuf Carreaux. Dans ce cas, le contrat se jouera à Sans-Atout. Le joueur le dit :

« Nous jouerons à Sans-Atout. »

Son partenaire lui indique son nombre de points d'honneurs (à titre de rappel, s'il l'a déjà donné) et le contrat est annoncé.

CHAPITRE 6

LE JEU DE LA CARTE À L'ATOUT

La présence d'un atout modifie la physionomie du jeu de la carte, sans la bouleverser. La majeure partie de ce que vous avez appris reste valable. La plupart des contrats ne seront réussis que grâce à l'affranchissement d'une couleur, comme à sans-atout.

Et, comme à sans-atout, cet affranchissement devra être en général réalisé de manière prioritaire.

Les impasses et les jeux d'honneurs de la défense obéissent aux mêmes principes dans les contrats à l'atout et dans les contrats à sans-atout. Quant aux communications, elles ont encore plus d'importance, et vous devez y être encore plus attentif.

Mais l'atout apporte, au déclarant comme aux défenseurs, des possibilités nouvelles, dont ils doivent apprendre à tirer le meilleur parti.

Le jeu du déclarant à l'atout

La coupe, ce pouvoir propre à l'atout, a plusieurs utilisations possibles, que le déclarant se doit de bien distinguer.

L'utilisation la plus évidente de la coupe est l'arrêt. A sans-atout, quand un défenseur a affranchi une couleur et qu'il reprend la main, le déclarant subit le défilé de ses cartes maîtresses. Désormais, le déclarant n'est plus désarmé dans cette situation, si du moins il lui reste des atouts.

Quand le déclarant ou le mort est court dans une couleur, l'atout permet aussi d'empêcher des honneurs de la défense de remporter des levées.

L'utilisation du pouvoir d'arrêt est purement passive. La

coupe est provoquée par l'adversaire. L'usage des autres pouvoirs de l'atout est actif. C'est en général le déclarant qui décide de faire couper le mort ou de couper lui-même.

Une nouvelle source de levées

Nous avons distingué entre les levées d'honneur et les levées de longueur. A l'atout, il existe une troisième source de levées, la coupe.

♠ A 7 2

N
S

♠ R D 8 5 3

A sans-atout, cette couleur rapporte au maximum cinq levées: trois levées d'honneur et, si les cartes adverses sont réparties 3-2, deux levées de longueur grâce au quatrième et au cinquième Piques de Sud.

Si cette couleur est l'atout, elle peut procurer plus de cinq levées. Imaginez en effet que Nord réalise une coupe avec son 2. Cette coupe rapporte une levée à son camp, tout en laissant intactes les levées potentielles d'honneur et de longueur que la couleur recèle.

Une coupe de Nord avec le 7 rapporte aussi une levée supplémentaire dans la couleur.

La simplicité de la manœuvre cache cependant deux pièges.

Le premier, assez manifeste, serait de faire couper Nord quand il ne lui reste plus que l'As. Cette coupe rapporte certes une levée, mais elle coûte en même temps une levée d'honneur. Le bilan est nul.

Le second piège est moins apparent. Imaginons cette fois que Sud réalise une levée en coupant avec son 3. Cette coupe rapporte une levée dans l'immédiat. Mais elle fait disparaître en même temps une levée de longueur. Le bilan est là aussi nul dans la couleur.

Mais il peut être négatif pour l'ensemble de la donne. Cet atout est en effet perdu pour ses autres utilisations éventuelles. En particulier, l'atout de Sud risque de manquer un peu plus tard pour arrêter un défilé adverse dans une autre couleur.

Ces coupes parasites de la main longue sont une erreur que les débutants commettent fréquemment, et que même les joueurs chevronnés n'évitent pas toujours. Ils sont satisfaits de remporter une levée en coupant. Mais, répétons-le, ils ne font qu'échanger une levée de longueur contre une levée de coupe, tout en affaiblissant leur couleur d'atout. Ce sont les coupes de la main courte en atout qui rapportent des levées.

Ne gaspillez pas les atouts de la main longue dans des coupes improductives.

Qu'en est-il quand la couleur d'atout a la même longueur dans les deux mains?

♠ A D 7 2

N

S

♠ R 8 5 3

Dans ce cas, la couleur rapporte trois levées d'honneur et une levée de longueur (toujours avec les cartes adverses 3-2). Une coupe d'une des mains rapporte une levée, sans compromettre la levée de longueur. Elle procure donc une cinquième levée. Mais ensuite les deux mains sont devenues de longueur inégale, et une coupe de la main longue n'apporte plus de levée supplémentaire.

Tout cela ne veut pas dire bien sûr qu'il ne faille jamais couper de la main longue. En dehors du cas où vous y êtes forcé par l'adversaire, cette coupe peut servir aux deux autres utilisations que nous allons examiner maintenant: communication, affranchissement.

Vous devez avoir maintenant expérimenté l'importance cruciale des communications. Dans le jeu à l'atout, une coupe est un moyen supplémentaire pour communiquer, puisqu'elle a pour effet de transférer la main.

Utilisez la coupe pour communiquer.

L'affranchissement par la coupe

La coupe permet aussi de réaliser des affranchissements sans concéder de levées aux adversaires et sans leur donner la main. L'atout est Pique. Le déclarant et le mort détiennent à Carreau :

◇ A 9 8 6 4 2

N

S

◇ R 5

Les défenseurs possèdent les cinq Carreaux manquants. Si ces Carreaux sont répartis 3-2, ils seront épuisés au bout de trois tours. Nord en détiendra encore trois, susceptibles de rapporter autant de levées de longueur.

A sans-atout, l'As et le Roi peuvent remporter deux levées. Mais comme l'affranchissement nécessite trois tours, il exige de perdre une levée et de rendre la main aux adversaires. A l'atout, cela peut être évité. Le déclarant joue d'abord le Roi de Sud, puis l'As de Nord. Puis il joue un petit Carreau de Nord, que Sud coupe. Il a affranchi les trois petits Carreaux de Nord.

Cet affranchissement par la coupe ne réussit que sous certaines conditions. Il faut que Sud ait encore un atout, et qu'il puisse le consacrer à cet usage. Il ne faut pas que l'un des défenseurs puisse couper avec un atout plus élevé. Il faut aussi que Nord puisse reprendre la main.

En outre, si les Carreaux adverses sont 4-1, c'est deux coupes qui seront nécessaires pour affranchir la couleur, et Nord devra reprendre deux fois la main.

Pour toutes ces raisons, l'affranchissement par la coupe est une manœuvre délicate, et donc souvent négligée. Mais c'est une arme extrêmement précieuse, et vous devez vous habituer à l'employer.

Affranchissez vos couleurs par la coupe.

Quand jouer atout?

L'atout accroît les possibilités du déclarant, mais il lui pose aussi un problème redoutable. Quand doit-il faire tomber les atouts adverses?

Le déclarant a toujours envie de les faire tomber le plus tôt possible, car les atouts de la défense font peser sur lui une menace de coupe. Mais à l'inverse il peut avoir besoin de garder les atouts de son camp. Reprenons un de nos exemples précédents:

♠ A 7 2

N

S

♠ R D 8 5 3

Si les cinq atouts adverses sont répartis 3-2, le déclarant peut les faire tomber en trois tours. Mais il aura fait disparaître aussi les atouts de Nord et, par la même occasion, la possibilité d'augmenter par ce moyen son capital de levées en le faisant couper.

Décider du moment où il faut jouer atout suppose donc un choix entre deux impératifs contradictoires, ce qui n'est jamais facile. On raconte que 100 000 Anglais se sont noyés dans la Tamise pour avoir joué atout trop tôt, et 100 000 autres pour avoir joué atout trop tard ! En ce qui vous concerne, n'oubliez jamais que le bridge est un jeu. Si un jour vous ne jouez pas atout au bon moment, ne vous jetez pas dans la Seine !

En revanche, une erreur facile à éviter est celle du déclarant qui joue atout en croyant que les adversaires en ont encore, et qui, à sa plus grande confusion, les voit défausser tous les deux.

Les atouts se comptent comme les cartes restant dans une couleur lors d'un affranchissement de longueur. Calculez au début du coup combien les défenseurs ont d'atouts. Ensuite, retirez du total chaque atout adverse que vous voyez tomber, jusqu'à ce qu'il n'en reste plus. Cet effort de calcul et surtout de mémoire est indispensable. Il vous faut l'accomplir sur toutes les donnes qui se jouent à l'atout. Vous vous y habituerez très vite.

Le jeu de la défense à l'atout

La présence d'un atout modifie plus la stratégie de la défense que celle du déclarant. Certes, il convient le plus souvent, comme à sans-atout, de « monter en troisième » et de fournir « petit en second ». Mais, à sans-atout, la priorité de la défense était en général d'affranchir une couleur longue. A l'atout, cette stratégie est rarement productive. Même si l'affranchissement est réalisé, le déclarant aura encore des atouts pour arrêter le défilé de vos cartes maîtresses. C'est pourquoi la défense doit plutôt chercher à affranchir ses honneurs.

La priorité doit être accordée à l'affranchissement d'honneurs dès l'entame. Imaginons qu'Ouest détienne :

♠ D 7
♡ R 9 4
♢ V 4 2
♣ R 8 5 3 2

A sans-atout, la meilleure entame serait un petit Trèfle. A l'atout Pique, c'est un petit Cœur qu'Ouest doit choisir.

Affranchissez vos honneurs plutôt que vos longueurs.

A sans-atout, l'entame sous un As est tout à fait normale. Elle est même souvent recommandée. A l'atout, elle est au contraire dangereuse :

	♡ V 7 6	
	Mort	
♡ A 9 5 4 2	O E	♡ D 10 8 3
	Déclarant	
	♡ R	

Atout Pique. Si Ouest entame d'un petit Cœur, le déclarant remporte la levée avec son Roi sec, levée qu'il n'aurait pas pu réaliser s'il avait dû attaquer la couleur lui-même. A sans-atout, l'entame sous l'As de Cœur donne la même levée, mais en compensation elle affranchit quatre levées.

Comme le déclarant, les défenseurs doivent chercher à réaliser des levées par la coupe.

♠ V 5 3 2
♡ 8 5 2
♢ 5
♣ R 10 8 6 4

L'atout est Cœur. Ouest entame de son singleton Carreau. Il espère ainsi que son partenaire pourra le faire couper : soit tout de suite s'il remporte la levée et qu'il rejoue de la couleur ; soit plus tard, s'il prend la main avant que le déclarant n'ait fait tomber les atouts d'Ouest.

Cherchez à réaliser des levées par la coupe.

Mais, parfois, la priorité des défenseurs est de s'opposer aux plans du déclarant. En particulier, quand le mort, qui est la main courte à l'atout, est également très court dans une autre couleur, il est très probable que le déclarant cherchera à le faire couper. La défense peut tenter de s'y opposer en jouant atout si elle prend la main.

Jouez atout pour empêcher des coupes de la main courte.

Donne 11

♠ V 6 3
♡ 2
◇ R 7 6 4
♣ R 9 7 6 2

Mort
Déclarant

♠ R D 10 9 4
♡ A V 5
◇ A D 3
♣ V 4

Sud, qui a ouvert, a constaté que son camp détenait huit Piques. Il a compté au total 27 points DH. Il joue donc le contrat de 4 ♠.

Ouest entame du Roi de Cœur.

Dans un contrat à l'atout, la première chose à faire est de s'intéresser ... à la couleur d'atout. Le déclarant doit rechercher combien elle peut rapporter de levées d'honneur et de longueur. Dans notre exemple, le déclarant remarque qu'il pourra affranchir quatre levées, en faisant sauter l'As détenu par les adversaires.

Le déclarant recherche ensuite, comme à sans-atout, les levées de tête dont son camp dispose dans les autres couleurs. Il en découvre ici quatre, une à Cœur grâce à l'As, et trois à Carreau grâce à l'As, au Roi et à la Dame.

Il arrive ainsi à un total de huit levées, alors que son contrat de 4 ♠ exige qu'il en remporte dix. Il a donc besoin de deux levées supplémentaires. Dans quelle(s) couleur(s) peut-il les trouver?

Ici, la réponse est simple. Il suffit de couper deux Cœurs avec les atouts de la main courte, Nord.

Le déclarant remporte donc la première levée avec l'As de Cœur. Doit-il jouer atout tout de suite? L'analyse qu'il vient de faire lui montre que non. L'adversaire qui détient l'As remporterait la levée et jouerait un deuxième tour d'atout. Le mort n'aurait plus qu'un seul atout, alors qu'il faut lui faire couper deux Cœurs.

Ayant la main avec l'As de Cœur, Sud joue donc immédiatement le 5 de Cœur, qu'il coupe avec le 3 de Pique du mort. Pour effectuer la deuxième coupe, il reprend la main en jouant le 4 de Carreau du mort, qu'il prend de l'As. Il présente ensuite le Valet de Cœur, qu'il coupe du 6 de Pique.

Les deux coupes sont réalisées, il est temps maintenant de jouer atout. Il n'est pas question en effet d'encaisser d'abord les levées de Carreau, un des adversaires risquant de couper. Le déclarant réalisera ses levées de Carreau quand les défenseurs n'auront plus d'atout.

Voici une donne complète possible, si vous souhaitez rejouer l'ensemble de la donne avec les quatre mains :

	♠ V 6 3 ♡ 2 ♢ R 7 6 4 ♣ R 9 7 6 2	
♠ A 5 ♡ R D 10 4 3 ♢ V 9 8 2 ♣ D 5	Mort O E Déclarant	♠ 8 7 2 ♡ 9 8 7 6 ♢ 10 5 ♣ A 10 8 3
	♠ R D 10 9 4 ♡ A V 5 ♢ A D 3 ♣ V 4	

Donne 12

♠ R D 4
♡ 8 4
♢ V 8 7 3
♣ D 9 8 4

Mort
Déclarant

♠ A V 10 9 5
♡ A R 6 2
♢ A 5
♣ 7 3

Là encore, le contrat est 4 ♠. Ouest entame de la Dame de Cœur.

Le déclarant constate que la couleur d'atout lui rapportera cinq levées. Il dispose par ailleurs de trois levées de tête, deux à Cœur et une à Carreau. Le total fait huit, le déclarant a encore besoin de deux levées.

La meilleure façon de les trouver est de faire couper ses deux petits Cœurs par le mort. Mais cette manœuvre présente un danger: si Est n'a que deux Cœurs, ce qui ne serait pas extraordinaire, il surcoupera, et le contrat sera mis en échec.

Le déclarant peut surmonter ce danger. Est ne pourra pas surcouper si le mort coupe avec des atouts maîtres. Or le mort possède justement le Roi et la Dame.

Avant d'adopter cette solution, le déclarant doit s'assurer qu'il ne supprime pas de levées d'honneur dans la couleur d'atout. Dans la donne qui nous occupe, c'est bien le cas, puisque le déclarant détient un force suffisante à Pique.

Le déclarant prend donc la première levée de l'As de Cœur. Il continue du Roi de Cœur, puis d'un petit Cœur, qu'il coupe de la Dame de Pique. Il rentre en main en jouant un petit Carreau du mort pris de l'As. Il joue alors son quatrième Cœur, qu'il coupe du Roi. Il ne lui reste plus qu'à rentrer de nouveau en main, en prenant de son As le 4 de Pique du mort.

Le déclarant doit autant que possible prévoir tout ce déroulement dès le début de la donne. Il peut ainsi savoir qu'il ne doit tirer aucun tour d'atout avant de commencer ses coupes.

Le déclarant aurait chuté en coupant le premier Cœur du 4 de Pique, si la donne complète avait été la suivante :

	♠ R D 4 ♡ 8 4 ♢ V 8 7 3 ♣ D 9 8 4	
♠ 8 3 ♡ D V 10 7 5 ♢ R 10 4 ♣ R 5 2	Mort O E Déclarant	♠ 7 6 2 ♡ 9 3 ♢ D 9 6 2 ♣ A V 10 6
	♠ A V 10 9 5 ♡ A R 6 2 ♢ A 5 ♣ 7 3	

CHAPITRE 7

LA COMPÉTITION ENTRE LES DEUX CAMPS

Nous allons maintenant nous rapprocher plus encore du bridge proprement dit. Dans la mesure où tout a été dit sur le jeu de la carte, les prochaines marches ne concernent plus que la détermination du contrat et la marque.

Ce chapitre vous présente la quatrième, la cinquième et la sixième marches. La quatrième et la cinquième ont essentiellement pour intérêt de préparer la sixième. Ne vous y attardez pas. Une seule partie de mini-bridge devrait suffire pour chacune d'entre elles. La sixième marche introduit par contre une notion un peu plus délicate, et elle est aussi plus amusante. Vous aurez sans doute envie d'y rester un peu plus longtemps.

Vous pouvez aussi gravir les trois marches en une seule fois. Attention toutefois de n'en sauter aucune.

Quatrième marche: les surenchères

Au mini-bridge à l'atout, il est parfaitement possible que les deux camps aient un contrat à demander. En effet, quand les points de distribution sont nombreux, les deux camps peuvent détenir chacun plus de 20 DH.

Désormais, chaque camp va déterminer s'il a la force nécessaire pour demander un contrat. Si les deux camps peuvent le faire, celui qui est en mesure de demander le contrat le plus élevé l'emporte. Ce ne sera pas toujours celui qui détient le plus de points d'honneurs.

Parler de contrat le plus élevé suppose une hiérarchie des contrats. Ceux-ci sont d'abord rangés, de façon naturelle, selon leur palier. Un contrat au palier de trois est plus élevé qu'un contrat au palier de deux. Mais, au même palier, les couleurs sont rangées. Par ordre croissant : Trèfle, Carreau, Cœur, Pique, Sans-Atout. L'ordre des contrats, du moins élevé vers le plus élevé, est donc :

1 ♣ – 1 ♢ – 1 ♡ – 1 ♠ – 1 SA – 2 ♣ – 2 ♢ ....
.... 6 ♠ – 6 SA – 7 ♣ – 7 ♢ – 7 ♡ – 7 ♠ – 7 SA

Retenez bien cet ordre : Trèfle, Carreau, Cœur, Pique, Sans-Atout. Il a un grand avenir devant lui.

Comment le contrat va-t-il être attribué ? La recherche du camp majoritaire en points d'honneurs est devenue inutile. Après que l'ouvreur a dit « J'ouvre », son partenaire lui donne immédiatement son nombre de points d'honneurs et sa distribution. Si son camp ne peut demander aucun contrat, l'ouvreur passe. Si son camp peut demander un contrat, il l'annonce, sans préciser toutefois qui sera le déclarant.

Le joueur situé à droite de l'ouvreur transmet alors automatiquement un papier à son partenaire, pour lui indiquer sa force en points d'honneurs et sa distribution. Deux cas peuvent alors se présenter :

1. Le joueur placé à gauche de l'ouvreur constate que son camp n'a pas la force nécessaire pour demander un contrat, ou qu'il peut demander un contrat, mais que ce contrat est inférieur à celui annoncé par l'ouvreur. Il passe, l'ouvreur indique qui doit jouer le contrat qu'il avait précédemment demandé, et le jeu de la carte commence.

2. Le joueur placé à gauche de l'ouvreur constate qu'il peut demander un contrat supérieur à celui annoncé par l'ouvreur. Il annonce alors ce contrat. On dit qu'il surenchérit. Il précise aussi qui doit jouer le contrat. Le jeu de la carte peut commencer.

Voyons cette compétition se dérouler sur une donne.

Donne 13

	♠ D 6 2 ♡ V 4 ◇ A 10 9 8 3 ♣ 9 6 5	
♠ 10 9 3 ♡ A R 9 8 5 ◇ 6 ♣ R V 8 3	N O E S	♠ R 7 5 ♡ D 6 3 2 ◇ D V 7 4 ♣ 7 4
	♠ A V 8 4 ♡ 10 7 ◇ R 5 2 ♣ A D 10 2	

Le donneur est Est.
Est : « Je passe »
Sud : « J'ouvre »
Nord transmet son papier à Sud, après avoir inscrit dessus :

3 Piques
2 Cœurs
5 Carreaux
3 Trèfles
7 points d'honneurs

Sud constate alors que son camp ne peut jouer à l'atout. Son partenaire et lui possèdent bien à eux deux huit Carreaux, mais il en faudrait neuf pour choisir cette couleur comme atout. Il ajoute donc ses 14 points d'honneurs aux 7 points de son partenaire, et le total, 21, lui permet d'annoncer :

« 1 SA ».

Est, à sa droite, transmet alors à son tour un papier à son partenaire, sur lequel il a écrit :

3 Piques
4 Cœurs
4 Carreaux
2 Trèfles
8 points d'honneurs

Ouest observe alors que son camp possède neuf Cœurs. Il peut donc envisager un contrat à l'atout Cœur. Il calcule le total des points DH de son camp.

Chez son partenaire :

8 points d'honneurs

1 point de distribution pour le doubleton Trèfle, soit 9 points DH.

Chez lui :

11 points d'honneurs

2 points de distribution pour le singleton Carreau, soit 13 points DH.

Enfin, il compte un point supplémentaire pour le neuvième atout.

Le total de 23 points DH permet à Ouest d'envisager le contrat de 2 ♡. Or ce contrat est plus élevé que celui de 1 SA précédemment demandé par Sud. Ouest peut donc l'annoncer, et comme il possède plus d'atouts que son partenaire, il déclare :

« Je joue 2 ♡ ».

Cinquième marche : suppression des contrats inutilement élevés

En calculant le résultat de certaines donnes, vous vous êtes peut-être rendu compte de ceci :

— Si vous jouez 3 ♠ et que vous réalisez 9 levées, vous marquez 90 points de manche et une prime de score partiel de 50 points, soit 140 points.

— Si vous jouez 1 ♠ et que vous réalisez 9 levées, vous marquez 30 points de manche, une prime de score partiel de 50 points, et 60 points pour les deux levées de mieux ; le total fait 140 points, exactement comme dans le cas précédent !

Sur une donne, vous aurez donc toujours intérêt à demander 1 ♠ plutôt que 3 ♠. En effet, si vous parvenez à réaliser neuf levées (ou plus), vous marquerez le même nombre de points dans les deux cas. Alors que, bien sûr, les risques de chute sont plus importants au palier de trois qu'au palier de un.

Il en est de même pour tous les contrats partiels au palier de deux, de trois ou de quatre. S'ils sont faits, ils ne rapportent pas plus que les contrats de même couleur et de palier inférieur, alors que les chances de succès sont plus faibles.

Une constation analogue s'applique aux contrats compris entre la manche et le chelem : 5 ♡, 5 ♠, 4 SA, 5 SA. Ils ne rapportent rien de plus que la manche, alors que les risques de chute sont accrus. Ces quatre contrats, comme les contrats partiels de palier supérieur à un, sont en quelque sorte des contrats inutilement élevés.

Jusqu'à présent, cette particularité de la marque n'avait pas de conséquence, puisque la table de décision vous imposait de demander un contrat en rapport avec la force de votre camp. Au bridge proprement dit, cette obligation n'existe pas. Vous pouvez être amené à jouer 1 ♠ ou 2 ♠ même si la force de votre camp atteint 25 points DH. La règle du mini-bridge va maintenant être modifiée en conséquence.

Est-ce à dire que tous les contrats vont se jouer au palier de 1 ? Certes non, ce ne serait pas très drôle. Tout d'abord, il ne faut pas oublier les primes de manche et de chelem. Si votre camp a de quoi jouer 4 ♠, il faut les demander. Si vous gagnez ce contrat, vous empocherez une prime de manche de 300 ou 500 points suivant la vulnérabilité, au lieu de 50 points pour un contrat partiel. De même pour les primes de chelem au palier de six ou de sept.

Toutefois, en l'absence d'une force suffisante pour essayer la manche, votre intérêt serait de toujours demander des contrats partiels au palier de un. C'est là que va intervenir la compétition entre les deux camps, dont nous avons introduit une première forme dans la quatrième marche.

L'ouvreur détermine la hauteur du contrat selon la table de décision. Mais il ne l'annonce pas forcément. Désormais, il évite les contrats inutilement élevés. Si son camp n'a pas de quoi demander une manche, il annonce un contrat partiel au niveau de un. Si son camp a de quoi demander une manche, mais pas un chelem, il demande cette manche. Enfin, quand son camp a de quoi demander un chelem, il le fait.

Ainsi par exemple, si son camp ne peut pas jouer à l'atout, et qu'il détient une force totale de 23 ou 24 points d'honneurs, l'ouvreur demandera 1 SA, et non pas 2 SA comme le prévoit la table de décision.

Les enchères ne s'arrêtent pas là. Comme dans la quatrième marche, l'autre camp va chercher lui aussi à remporter le contrat. Le joueur situé à gauche de l'ouvreur va d'abord déterminer, selon la table de décision, si son camp peut demander un contrat, et, si oui, lequel.

Si son camp ne peut pas demander de contrat, ou s'il peut demander un contrat inférieur à celui annoncé par l'ouvreur, il passe, et le contrat annoncé par l'ouvreur est joué.

Si le contrat est plus élevé que celui annoncé par l'ouvreur, le joueur se comporte comme celui-ci : il annonce si possible un chelem, sinon une manche, sinon un contrat partiel, au niveau le plus bas possible compte tenu du contrat annoncé par l'ouvreur.

Supposons donc que l'ouvreur annonce 1 ♠, et que le joueur assis à sa gauche détermine que son camp possède huit Cœurs :

— si son camp ne peut demander que 1 ♡, comme ce contrat est inférieur à 1 ♠, il passe ;

— si son camp peut demander 2 ♡, il déclare ce contrat ;

— si son camp peut demander 3 ♡, il déclare aussi 2 ♡ ; inutile de demander 3 ♡ ;

— si son camp peut demander 4 ♡, il déclare ce contrat, qui donne droit à la prime de manche en cas de réussite.

La parole revient à l'ouvreur. Si la force de son camp lui

permet d'annoncer un contrat plus élevé que celui déclaré par son adversaire, il le fait. Sinon, il passe.

Supposons par exemple que l'ouvreur ait déterminé que son camp était en mesure de demander 3 ♠. Il a annoncé d'abord 1 ♠. Si son adversaire déclare 2 ♡, il déclare 2 ♠ (pas 3 ♠, vous l'aviez compris). La conversation se poursuit ainsi entre les deux joueurs, jusqu'à ce que l'un d'eux soit contraint de passer. Le dernier contrat annoncé devient le contrat final.

Donne 14

	♠ V 8 4 3 ♡ 7 6 ♢ A 9 6 5 2 ♣ D 6	
♠ 6 ♡ R D 5 4 ♢ R 4 3 ♣ A V 9 3 2	N O E S	♠ R 9 2 ♡ A 10 8 3 ♢ D 10 8 7 ♣ 10 5
	♠ A D 10 7 5 ♡ V 9 2 ♢ V ♣ R 8 7 4	

Le donneur est Sud.
Sud : « Je passe »
Ouest : « J'ouvre »
Est transmet son papier à son partenaire :

3 Piques
4 Cœurs
4 Carreaux
2 Trèfles
9 points d'honneurs

Ouest constate que son camp peut demander un contrat à Cœur. Il calcule le total des points DH de son camp.

Chez son partenaire :

9 points d'honneurs
1 point de distribution pour le doubleton Trèfle soit 10 points DH.

Chez lui :

13 points d'honneurs
2 points de distribution pour le singleton Pique soit 15 points DH.

Le total est de 25 points DH. Il permet de demander un contrat de 3 ♡. Mais, appliquant la nouvelle règle, Ouest annonce :

« 1 ♡ »

C'est au tour de Sud de transmettre un papier à son partenaire :

5 Piques
3 Cœurs
1 Carreau
4 Trèfles
11 points d'honneurs

Nord observe que son camp possède neuf Piques. Il peut donc envisager un contrat à Pique. Il calcule le total des points DH de son camp.

Chez son partenaire :

11 points d'honneurs
2 points de distribution pour le singleton Carreau
soit 13 points DH.

Chez lui :

7 points d'honneurs
1 point de distribution pour le doubleton Cœur
1 point de distribution pour le doubleton Trèfle
soit 9 points DH.

Nord compte encore un point pour le neuvième atout. Il arrive au total de 23 points DH, qui lui permet d'envisager un contrat de 2 ♠. Mais il se contente d'annoncer :

« 1 ♠ »

Entre Ouest, qui peut aller jusqu'à 3 ♡, et Nord, qui peut aller jusqu'à 2 ♠, l'échange se poursuit ainsi :

Ouest : « 2 ♡ »
Nord : « 2 ♠ »
Ouest : « 3 ♡ »
Nord : « Je passe »

Ouest n'a plus qu'à conclure :

« Je joue 3 ♡ ».

Si Nord n'avait pas été en mesure de surenchérir, Ouest aurait demandé seulement 1 ♡.

Sixième marche : au-delà de la table de décision

Jusqu'ici, le palier des contrats annonçables était strictement déterminé par la table de décision. Désormais, les joueurs vont disposer d'un peu de liberté. Pour empêcher les adversaires de remporter le contrat, un joueur aura le droit de surenchérir au-delà du palier que la table de décision associe à la force de son camp.

Quel intérêt peut-il y trouver ? Il accroît son risque de chute. Mais cette chute peut être moins coûteuse que la réussite du contrat des adversaires, s'ils le jouent.

Supposons par exemple que Nord et Est aient annoncé la série de contrats suivante :

Nord : « 1 ♠ »
Est : « 2 ♣ »
Nord : « 2 ♠ »
Est : « 3 ♣ »

Ouest avait calculé que son camp détenait 24 points DH. Selon la table de décision, il doit maintenant passer. S'il le fait, ses adversaires joueront 3 ♣. S'ils gagnent ce contrat, ils marqueront 110 points. Nord calcule que s'il demande 3 ♠, et qu'il chute d'une levée, ses adversaires marqueront 50 ou 100 points, selon la vulnérabilité. C'est-à-dire moins.

L'ouvreur doit-il en conclure, sans plus d'examen, qu'il doit annoncer 3 ♠ ? Non.

Tout d'abord, les contrats demandés selon la table de décision ne sont pas toujours réussis. Ce qui veut dire que le contrat de 2 ♠ peut chuter de plus d'une levée. Ce qui veut dire aussi que les adversaires ne gagneront pas forcément le contrat de 3 ♣. En outre, Est a lui aussi le droit de surenchérir au-delà du palier indiqué par la table de décision, et il l'a peut-être déjà fait en annonçant 3 ♣.

Un dernier élément va intervenir, que nous allons également introduire dans cette sixième marche. C'est la possibilité de contrer.

Désormais, au lieu d'annoncer un contrat ou de passer, l'ouvreur ou son interlocuteur peut **contrer** un contrat annoncé par l'adversaire, s'il estime que ce contrat va chuter. Ce contrat est alors joué. S'il chute effectivement, les pénalités sont aggravées:

— si le camp qui chute n'est pas vulnérable, la première levée de chute lui coûte 100 points, la deuxième et la troisième 200, et les suivantes 300;

— si le camp qui chute est vulnérable, la première levée de chute lui coûte 200 points et les suivantes 300.

Cet alourdissement sensible des pénalités permet d'éviter les surenchères intempestives.

Si, contrairement aux prévisions du contreur, le contrat est réalisé, les gains du camp qui l'a mené à bien sont accrus. Sinon, le contre serait systématique!

Les points de manche sont multipliés par deux. Ceci a une conséquence très importante: les paliers de manche sont abaissés. Ainsi, le contrat de 2 ♡, s'il est contré et réalisé, rapporte 60 x 2 = 120 points de manche, c'est-à-dire qu'il donne droit à la prime de manche. Avant de contrer un contrat partiel, faites toujours le calcul des points de manche qu'il rapportera s'il est réalisé, pour savoir si vos adversaires auront droit à la prime de manche. Dans ce cas, le contre est particulièrement dangereux.

Le camp contré reçoit une prime supplémentaire de 50 points. Les primes de contrat partiel, de manche et de chelem ne sont pas modifiées. Enfin, les levées de mieux, quand il y en a, rapportent chacune 100 points si le camp n'est pas vulnérable, et 200 points s'il est vulnérable.

(Comme nous l'avons dit plus haut, il n'est pas du tout nécessaire que vous reteniez tous les chiffres que vous venez de voir défiler).

La décision de surenchérir est toujours délicate. Au début, vous ne saurez pas bien comment la prendre. Persévérez quand même, c'est amusant, et c'est une bonne préparation pour le bridge proprement dit, que vous n'allez plus tarder à aborder.

Vous vous rendrez rapidement compte de l'importance des vulnérabilités. Si votre camp n'est pas vulnérable, vos chutes seront moins coûteuses que s'il l'est, ce qui a de quoi vous encourager à surenchérir.

De même, si vos adversaires sont vulnérables, et qu'ils atteignent le palier de la manche ou du chelem, leurs contrats seront plus rémunérateurs, ce qui vous encouragera là aussi à surenchérir.

Le surcontre

Nous en avons fini avec la sixième marche. Mais nous n'avons pas tout à fait terminé avec la marque du bridge. Il reste une dernière notion, le surcontre.

Quand un joueur contre, c'est qu'il estime que le contrat annoncé va chuter. Mais les joueurs du camp adverse peuvent avoir un avis opposé, et juger qu'ils vont gagner leur contrat. Dans ce cas, ils peuvent surcontrer.

Si le contrat chute quand même, l'effet du surcontre est simple : il double les pénalités de chute par rapport au contre.

Si le contrat réussit, les points de manche sont à nouveau doublés, c'est-à-dire qu'ils sont quadruplés par rapport à un contrat non contré. Les paliers de manche sont donc encore abaissés. La prime supplémentaire de 50 points, attribuée à un contrat contré et fait, est doublée et elle passe donc à 100 points. La valeur des éventuelles levées de mieux est également doublée : elle atteint 200 points par levée si le camp n'est pas vulnérable, 400 points par levée s'il l'est. Quant aux primes de contrat partiel, de manche et de chelem, elles ne changent pas, comme dans le cas d'un contre.

Précisons qu'en pratique, il est exceptionnel qu'un contrat soit joué surcontré.

Voici maintenant une suite de quatre donnes dans lesquelles le contrat final a été contré ou surcontré. A vous de déterminer les points acquis par l'un ou l'autre camp.

Donne 1

Personne n'est vulnérable.

Vos adversaires jouent 3 ♣ contré et réalisent 10 levées.

Donne 2

Le camp adverse est seul vulnérable.

Vous jouez 4 ♠ contré, et vous réalisez 7 levées.

Donne 3

Votre camp est seul vulnérable.

Vos adversaires jouent 3 SA surcontré et réalisent 7 levées.

Donne 4

Les deux camps sont vulnérables.

Vous jouez 6 ♠ surcontré, et vous réalisez 13 levées.

Solutions

Donne 1

Le contrat de 3 ♣ contré a été réalisé avec une levée de mieux par vos adversaires. Leur camp n'était pas vulnérable.

1. Les points de manche s'élèvent à 60 x 2= 120.
2. Vos adversaires ont donc droit à la prime de manche, de 300 points puisque leur camp n'était pas vulnérable.
3. Ils ont droit aussi à une prime de 50 points pour un contrat contré et réalisé.
4. Ils ont droit enfin à 100 points pour la levée de mieux.

Au total, vos adversaires marquent:

120 + 300 + 50 + 100 = 570 points.

Donne 2

Vous avez chuté de trois levées votre contrat de 4 ♠ contré. Votre camp n'était pas vulnérable. La première levée de chute rapporte 100 points à vos adversaires, les deux suivantes 200 points chacune. Le total fait 500 points.

Donne 3

Vos adversaires ont chuté de deux levées leur contrat. Leur camp n'était pas vulnérable. Si le contrat avait simplement était contré, vous auriez marqué 100 points pour la première levée de chute, et 200 points pour la suivante, soit au total 300 points. Le contrat étant surcontré, vous marquez le double, 600 points.

Donne 4

Votre contrat de 6 ♠ surcontré a été réalisé avec une levée de mieux. Votre camp était vulnérable.

1. Les points de manche s'élèvent à 180 x 4= 720.

2. Votre camp a droit à une prime de manche et à une prime de petit chelem, le total s'élevant à 1250 points.

3. Vous avez droit à une prime de 100 points pour un contrat surcontré et réalisé.

4. Vous avez droit enfin à 400 points pour la levée de mieux.

Au total, votre camp se voit gratifié de:

720 + 1250 + 100 + 400 = 2470 points.

La feuille de marque se présente ainsi:

Eux	Nous
570	
500 –	
	– 600
–	– 2470

CHAPITRE 8

LE BRIDGE

Le mini-bridge a déjà rejoint le bridge proprement dit pour le jeu de la carte et, plus récemment, pour la marque. Nous sommes arrivés au moment d'opérer une jonction complète. Il ne nous reste plus qu'une marche à gravir. Elle concerne la détermination du contrat. Au bridge, celle-ci s'effectue d'une manière très différente de celle du mini-bridge.

Septième marche : la détermination du contrat au bridge

Au bridge, le contrat final est déterminé à la suite d'une séquence d'enchères. Les quatre joueurs y participent, en prenant la parole à tour de rôle, toujours dans le sens des aiguilles d'une montre. Le donneur parle le premier, puis c'est le tour du joueur placé à sa gauche, et ainsi de suite. Plusieurs tours de table sont en général nécessaires.

A son tour de parole, un joueur peut annoncer un contrat. Ce contrat doit toujours être plus élevé que le précédent contrat annoncé : ainsi, le deuxième contrat annoncé dans la séquence sera plus élevé que le premier, le troisième plus élevé que le second, etc. C'est cette progression constante qui fait que l'on parle de séquence d'enchères. « Plus élevé » se comprend évidemment dans le même sens qu'au mini-bridge. Un joueur peut donc annoncer 1 ♠ sur 1 ♡, mais pas 1 ♡ sur 1 ♠.

Si, à son tour de parole, un joueur ne veut pas annoncer de contrat, il peut passer. Il accepte ainsi, en quelque sorte, le précédent contrat. Si donc l'annonce d'un contrat est suivie de trois « Je passe », ce contrat devient le contrat final.

Ceci veut dire aussi que, lorsqu'un joueur annonce un contrat, il sait que ce contrat peut devenir le contrat final. Il suffit pour cela que les autres joueurs, ses deux adversaires et son partenaire, l'acceptent en passant.

En dehors de l'annonce d'un contrat, et de « Je passe », deux autres déclarations, moins fréquentes, sont possibles : contre et surcontre.

Un joueur peut contrer le dernier contrat annoncé, quand bien sûr c'est un adversaire qui l'a demandé. Si les trois autres joueurs passent ensuite, ils acceptent à la fois le contrat et le contre. Le dernier contrat sera le contrat final, et il sera joué contré. Les conséquences sur la marque sont celles que nous avons vues au mini-bridge.

Un joueur peut surcontrer après un contre adverse. Il faut bien entendu qu'aucun contrat n'ait été annoncé entre-temps. Là encore, si les trois joueurs passent ensuite, le contrat annoncé sera joué surcontré.

Voyons maintenant quelques exemples.

Donne 1. Nord est donneur.
Nord : « Je passe »
Est : « Je passe »
Sud : « Je passe »
Ouest : « Je passe »

Nous avons commencé par un cas particulier, celui où les quatre joueurs passent à leur premier tour de parole. Comme au mini-bridge, on redonne.

Profitons de cet exemple pour vous dire que, dans les livres, les enchères sont présentées sous forme de tableau.

Nord	Est	Sud	Ouest
Passe	Passe	Passe	Passe

Nous adopterons désormais cette présentation, qui est plus claire, et qui en plus prend moins de place.

Donne 2. Est donneur.

Nord	Est	Sud	Ouest
	Passe	1 SA	Passe
Passe	Passe		

Ici, Sud a annoncé un premier contrat. On dit qu'il a ouvert. C'est de là que vient le « J'ouvre » du mini-bridge.

Mais les règles du bridge, à l'inverse de celles du mini-bridge, n'imposent pas de posséder au moins 13 points d'honneurs pour ouvrir. La seule contrainte est d'annoncer un contrat plus élevé que le précédent, contrainte qui ne joue évidemment pas pour le premier contrat.

Donne 3. Sud donneur.

Nord	Est	Sud	Ouest
		Passe	1 ♠
2 ♢	2 ♠	3 ♢	Passe
Passe	Passe		

Le fait d'avoir passé à son premier tour de parole n'a pas interdit à Sud d'annoncer ensuite le contrat de 3 ♢ quand la parole lui est revenue.

Ce contrat est devenu le contrat final, après les trois « Passe » consécutifs qui ont suivi son annonce par Sud. Mais c'est Nord qui sera déclarant, puisque c'est lui qui a annoncé le premier les Carreaux.

Notez aussi que Est a pu dire 2 ♠ sur le 2 ♢ de Nord, la couleur Pique étant plus chère que la couleur Carreau. Si vous avez pratiqué le mini-bridge compétitif, vous devez y être habitué.

Donne 4. Ouest donneur.

Nord	Est	Sud	Ouest
			1 ♣
Passe	2 ♡	Passe	2 SA
Passe	3 SA	Passe	Passe
Passe			

Dans cette séquence, un seul camp, Est-Ouest, a participé effectivement à la séquence d'enchères. Nord et Sud se sont contentés de passer chaque fois qu'ils avaient la parole.

A son premier tour de parole, Est aurait pu annoncer 1 ♡, contrat plus élevé que 1 ♣. Mais il avait parfaitement le droit de dire 2 ♡. On dit qu'il a fait une enchère à saut.

Donne 5. Nord donneur.

Nord	Est	Sud	Ouest
Passe	1 ◇	1 ♠	2 ♡
3 ♠	4 ♡	4 ♠	Contre
Passe	Passe	Passe	

Cette fois, la séquence a été plus violente. Ouest a contré le contrat de 4 ♠ annoncé par Sud. Les trois joueurs ayant passé, le contrat final est 4 ♠ contré, joué par Sud.

Après le contre, Nord aussi bien qu'Est ou Sud aurait pu annoncer un contrat. De même Nord ou Sud aurait pu surcontrer (pas Est, partenaire du contreur!). Dans les deux cas, la séquence se serait poursuivie jusqu'à trois « Je passe » consécutifs.

Si Ouest avait passé au lieu de contrer et que Sud avait également passé, Est aurait pu contrer:

Nord	Est	Sud	Ouest
Passe	1 ♣	1 ♠	2 ♡
3 ♠	4 ♡	4 ♠	Passe
Passe	Contre	Passe	Passe
Passe			

Ainsi, un contrat peut être contré immédiatement après avoir été annoncé, ou après deux « Passe ».

Donne 6. Est donneur.

Nord	Est	Sud	Ouest
	1 SA	Passe	3 SA
Contre	Passe	Passe	Surcontre
Passe	Passe	Passe	

Le contrat de 3 SA sera joué surcontré.

Donne 7. Sud donneur.

Nord	Est	Sud	Ouest
		Passe	2 SA
Passe	7 SA	Contre	Surcontre

Nous avons arrêté la séquence après le surcontre, sans les trois « Passe » habituels. Lorsque la séquence a atteint 7 SA surcontré, les joueurs peuvent s'en tenir là, aucune déclaration autre que « Je passe » n'étant plus possible. Ce cas particulier est toutefois extrêmement rare. Vous aurez beaucoup de mal à trouver un bridgeur ayant déjà joué 7 SA surcontré.

Comme vous avez pu vous en rendre compte, il va vous falloir abandonner les habitudes acquises au mini-bridge. Au bridge, les joueurs ne transmettent pas d'information en clair sur leurs mains. La recherche du bon contrat est donc plus difficile. Mais elle est aussi beaucoup plus intéressante. Il n'y a pas de règles très strictes, comme au mini-bridge. Les joueurs sont beaucoup plus maîtres de leurs décisions.

Bien sûr, sans indications supplémentaires, vous ne saurez pas comment enchérir. Le deuxième tome de la Collection vous permettra de vous initier au système pratiqué par la quasi-totalité des bridgeurs de notre pays, auquel la Fédération Française de Bridge a donné le nom de Système d'Enchères Français.

INDEX

Le bridge s'est approprié beaucoup de mots courants, en leur donnant un sens particulier. Nous en avons déjà introduit un grand nombre, que nous avons mis en gras dans le texte. Ils sont rassemblés ici, ce qui vous permettra de retrouver facilement leur signification si besoin est.

IMPRIMÉ EN FRANCE PAR BRODARD ET TAUPIN
La Flèche (Sarthe).
LIBRAIRIE GÉNÉRALE FRANÇAISE - 43, quai de Grenelle - 75015 Paris.
ISBN : 2 - 253 - 16504 - 2